THIS BOOK BELONGS TO:

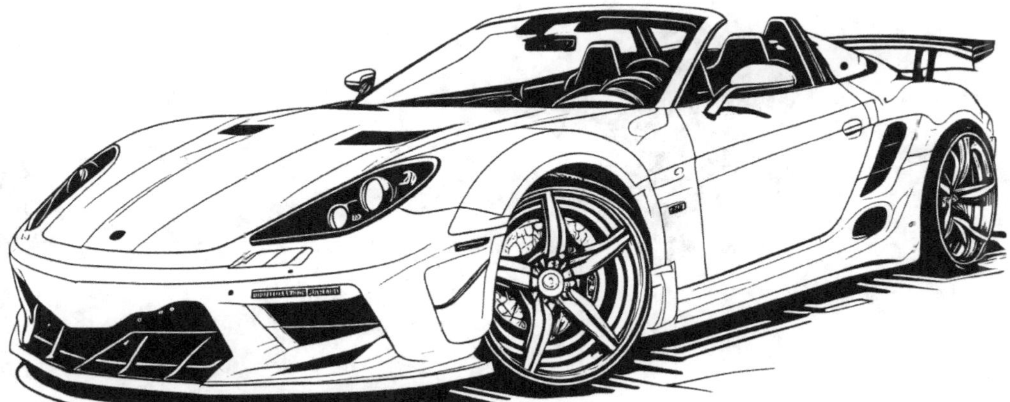

Sharyn Hc

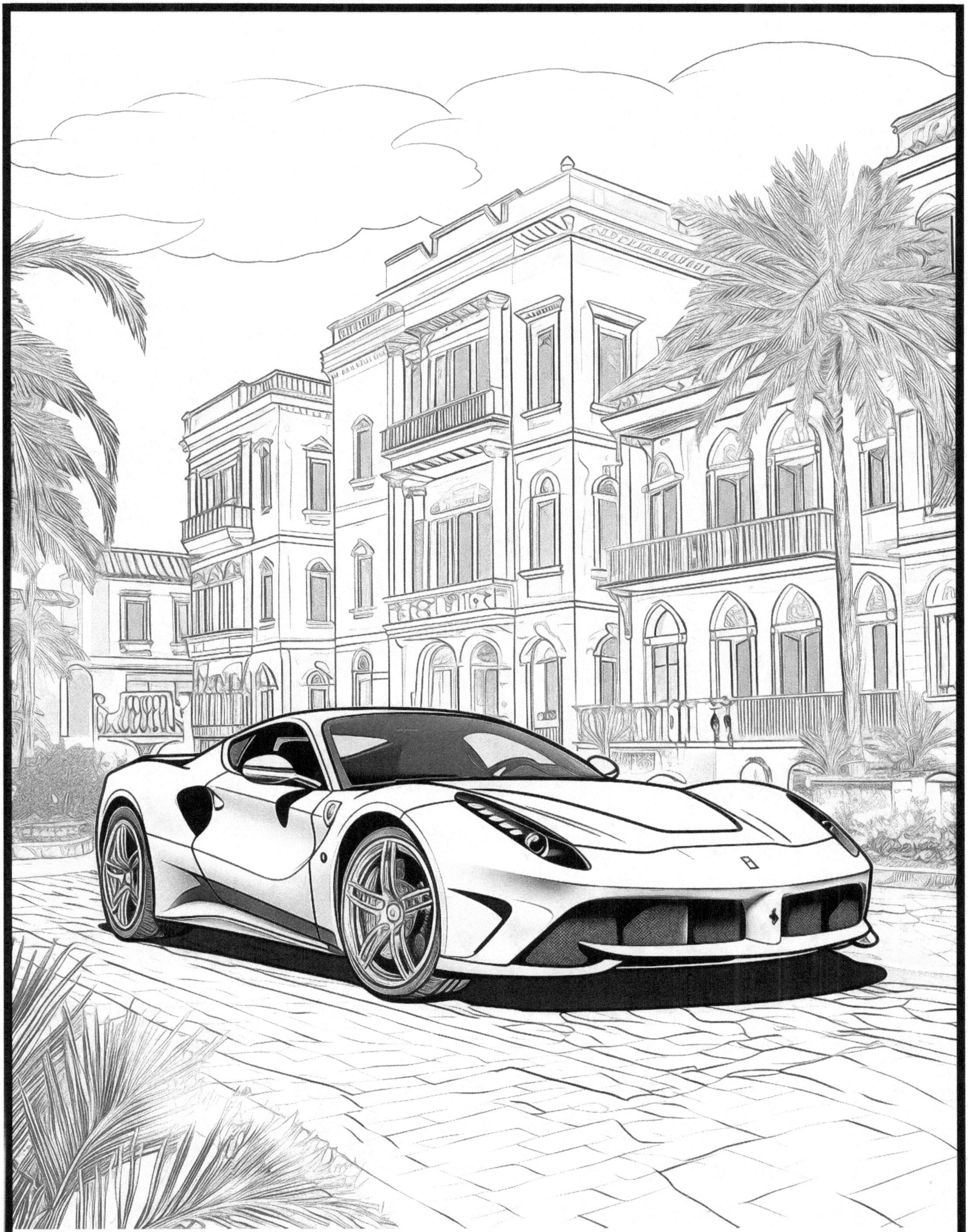

Sharyn Hc

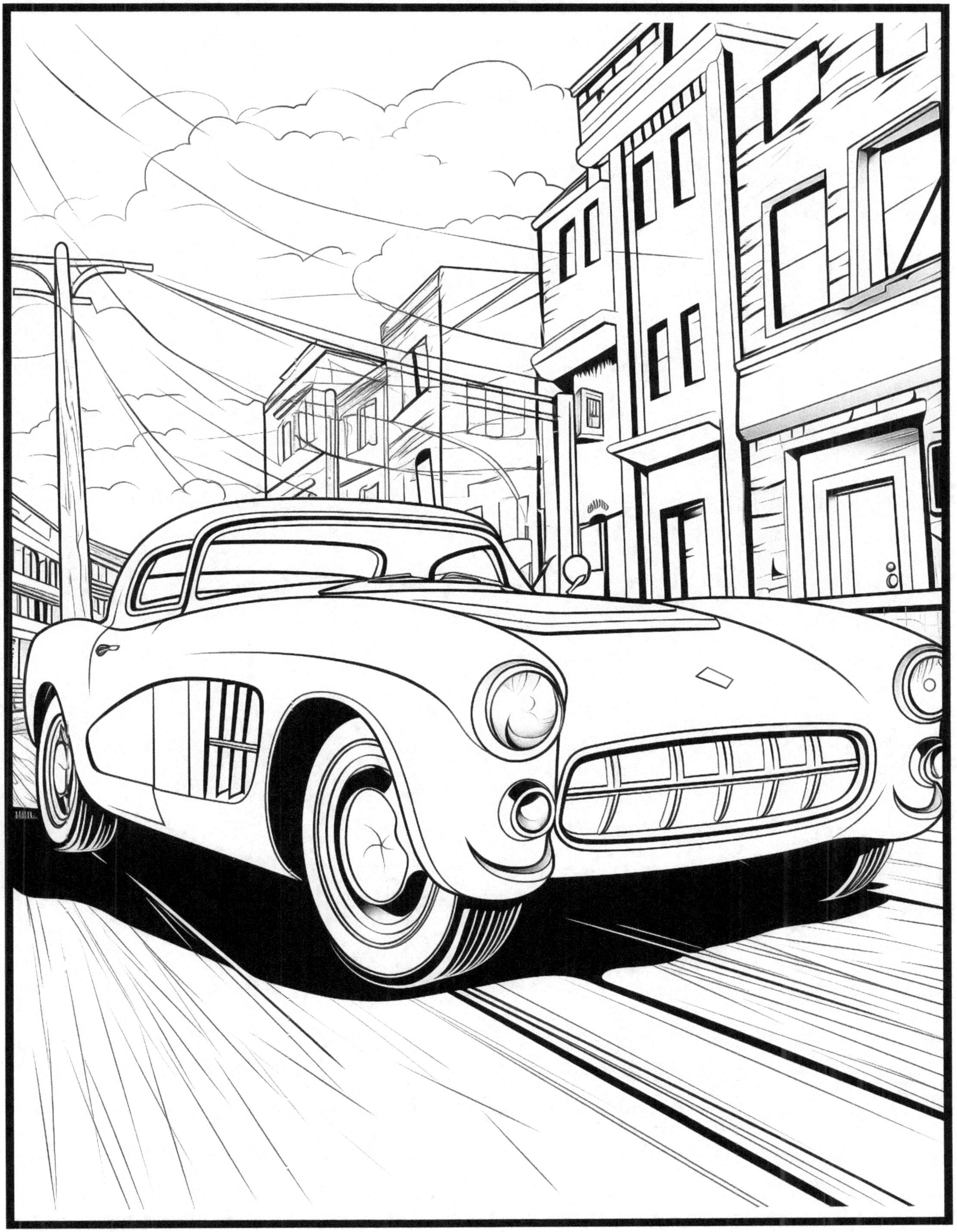

Sharyn Hc

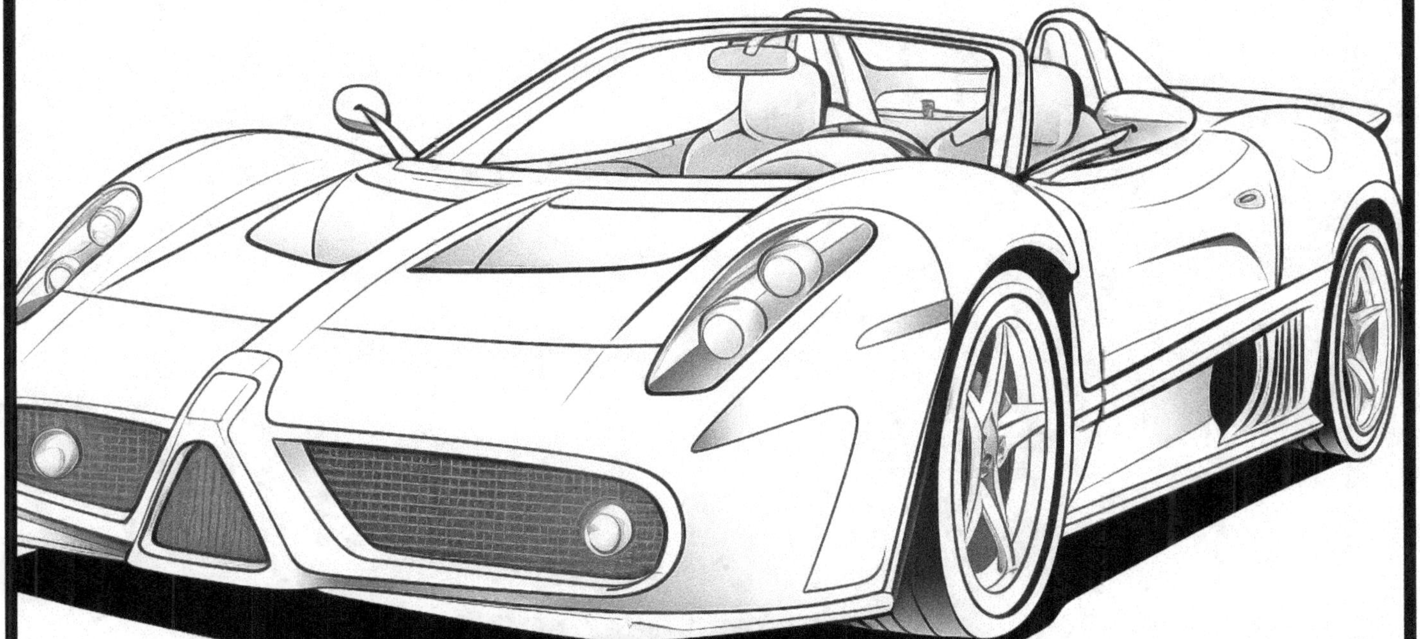

Sharyn Hc

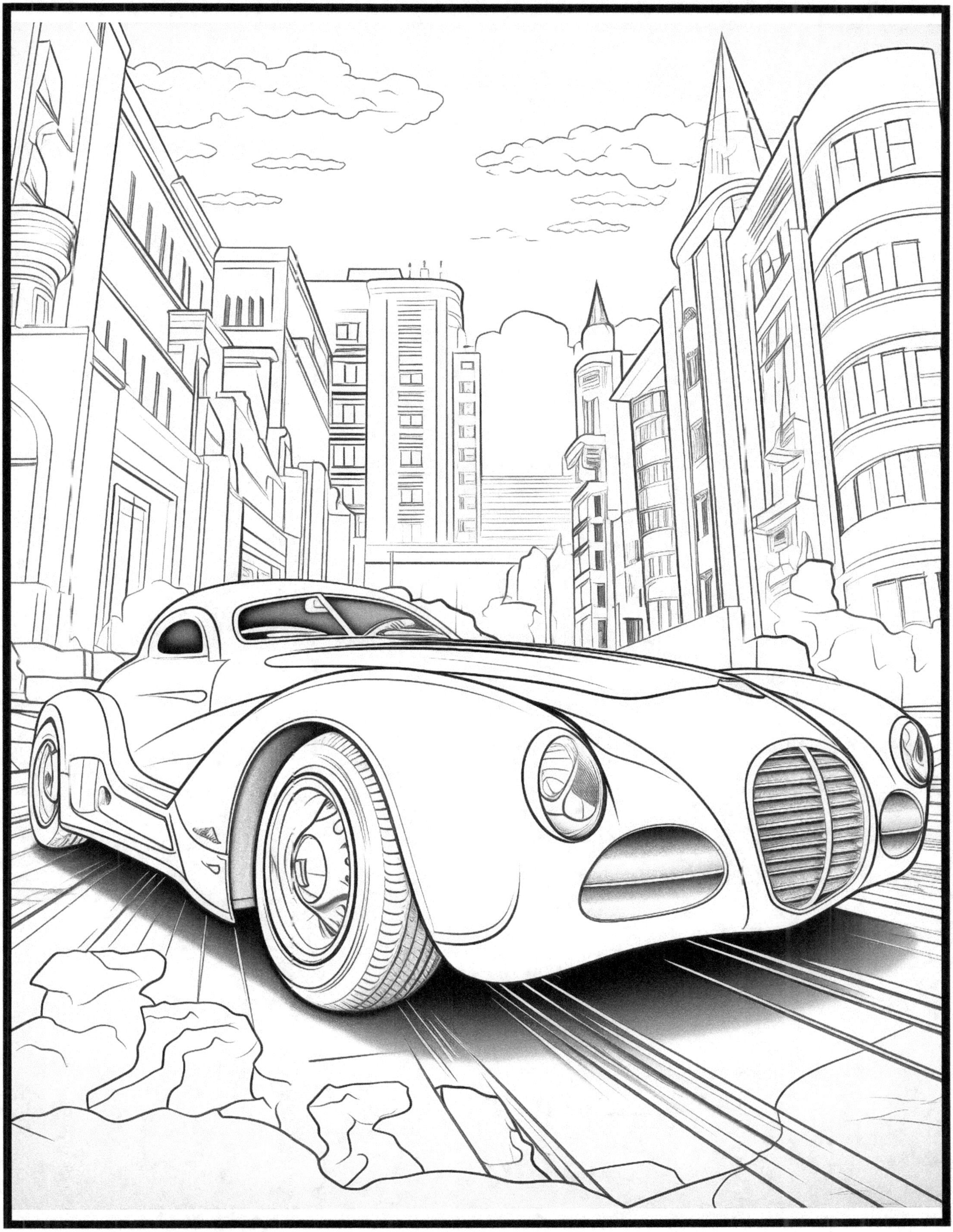

Sharyn Hc

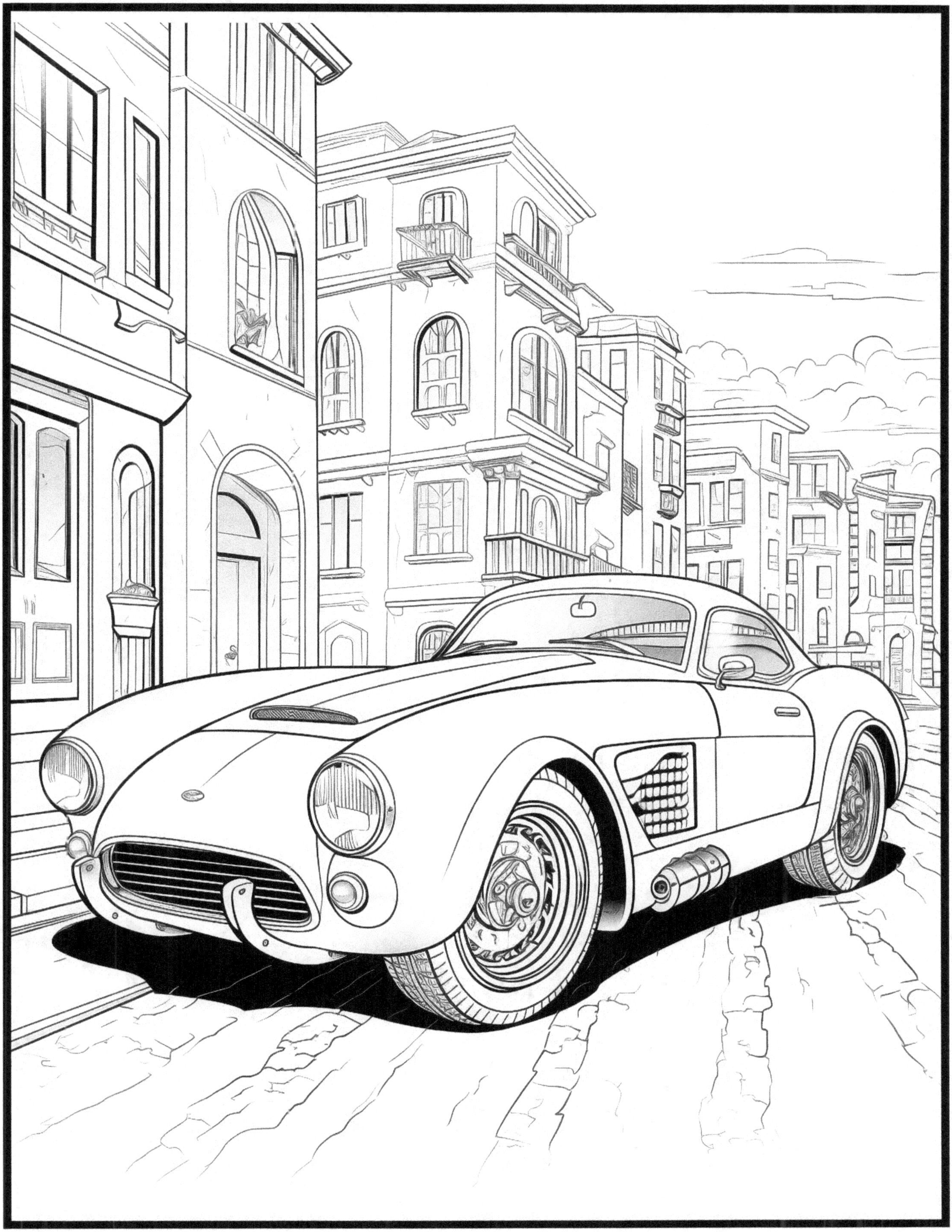

Sharyn Hc

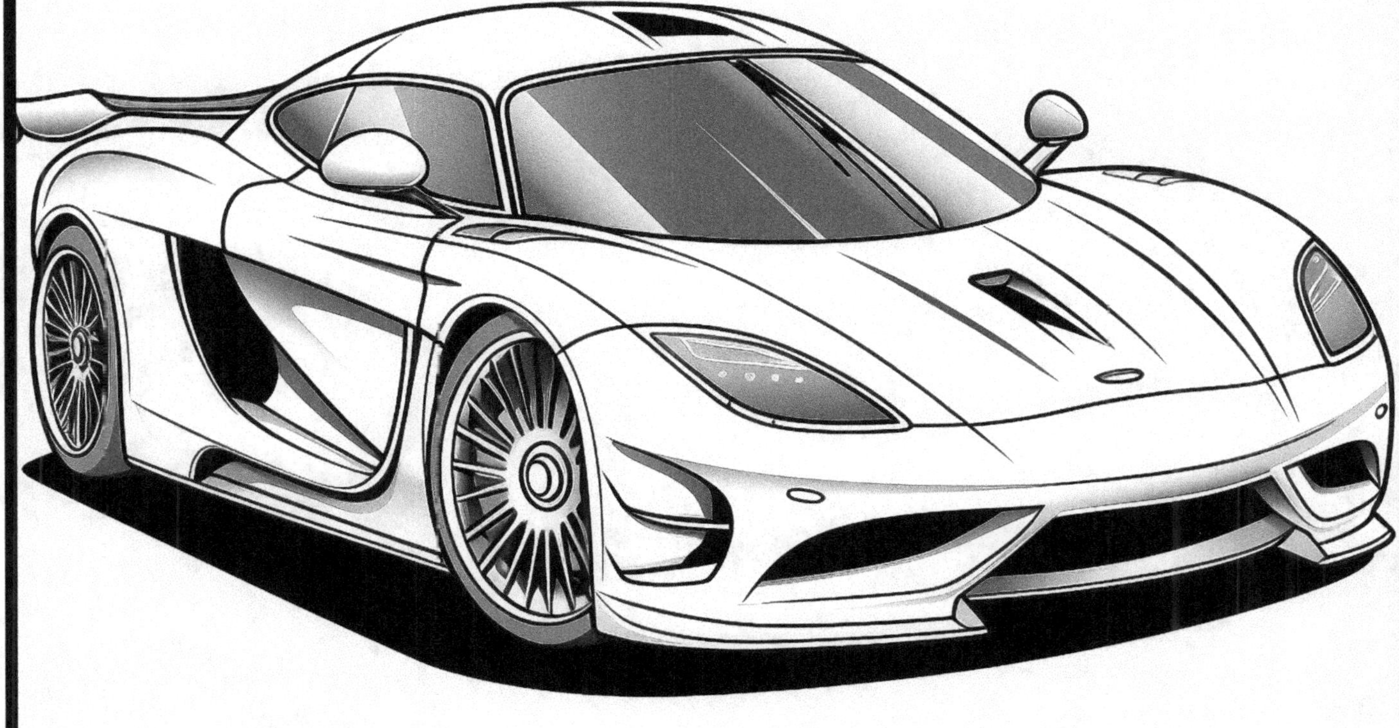

Sharyn Hc

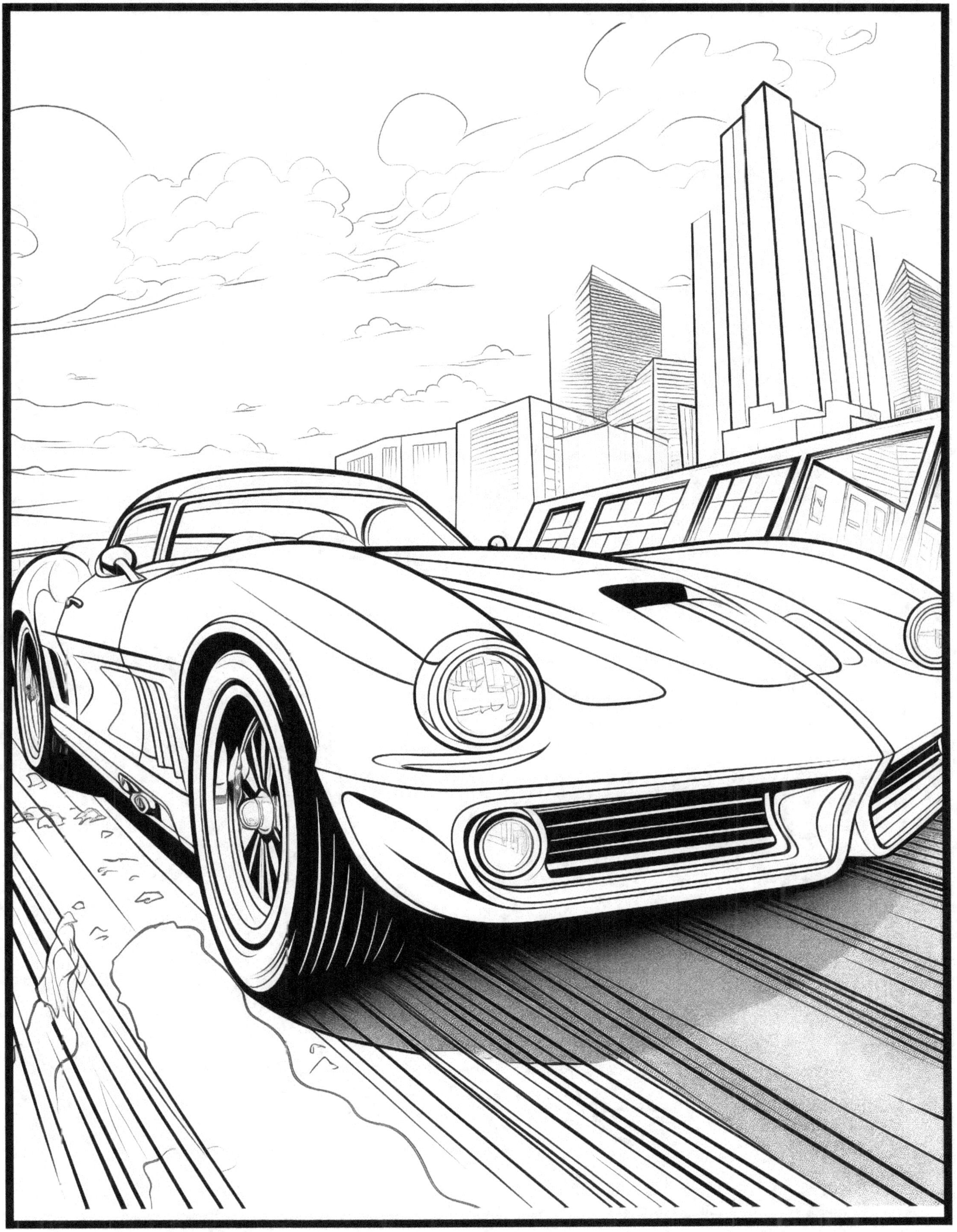

Sharyn Hc

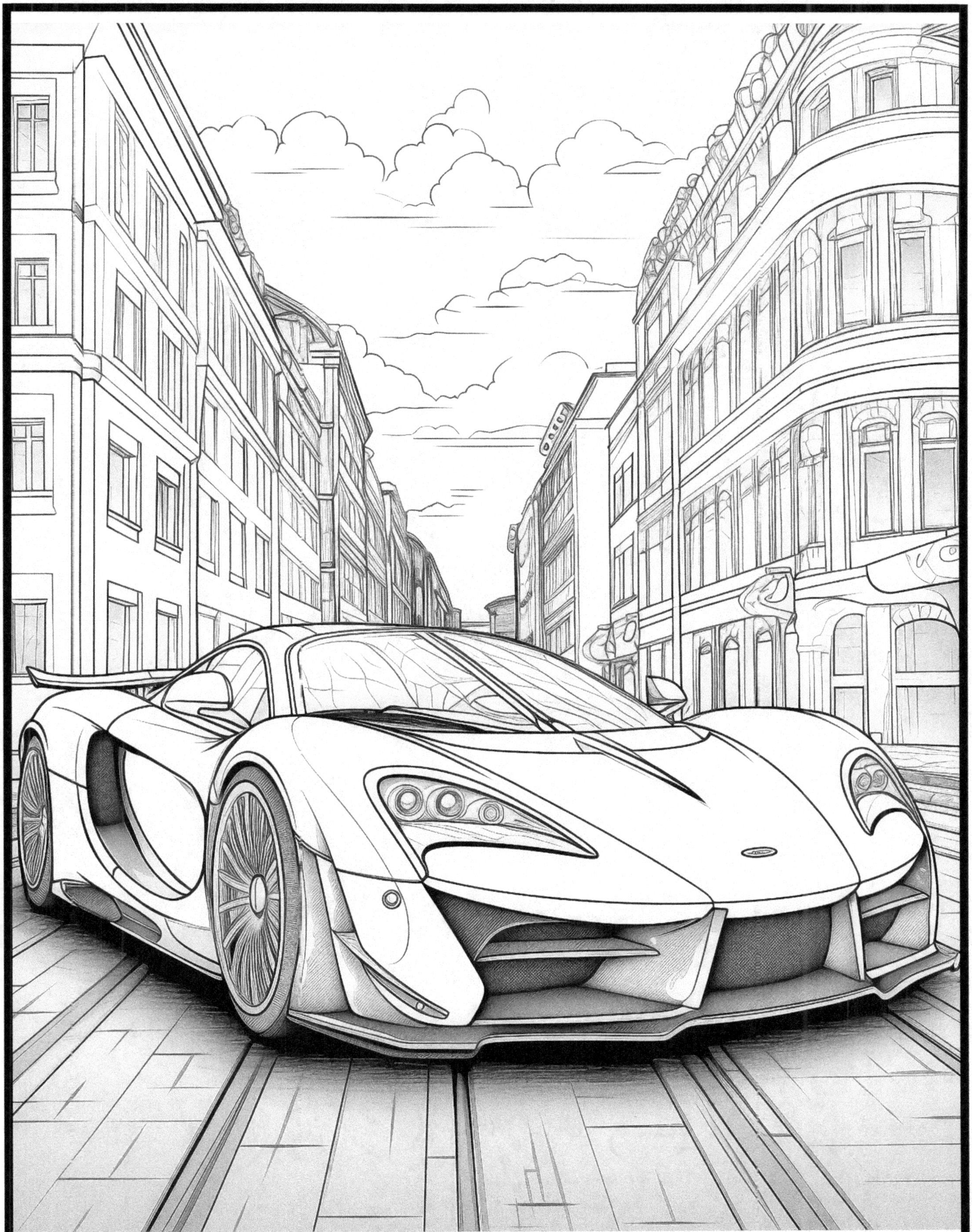

Sharyn Hc

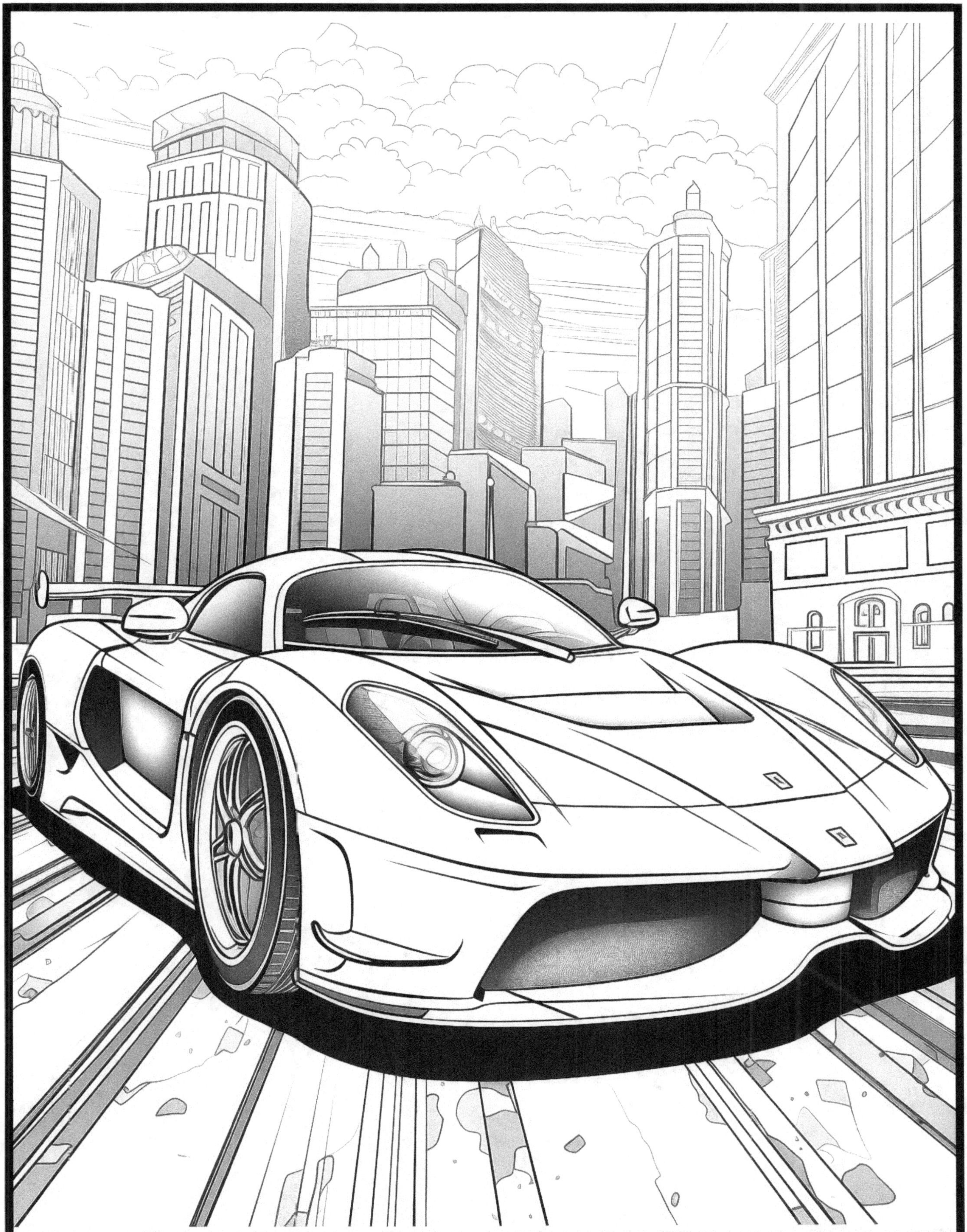

Sharyn Hc

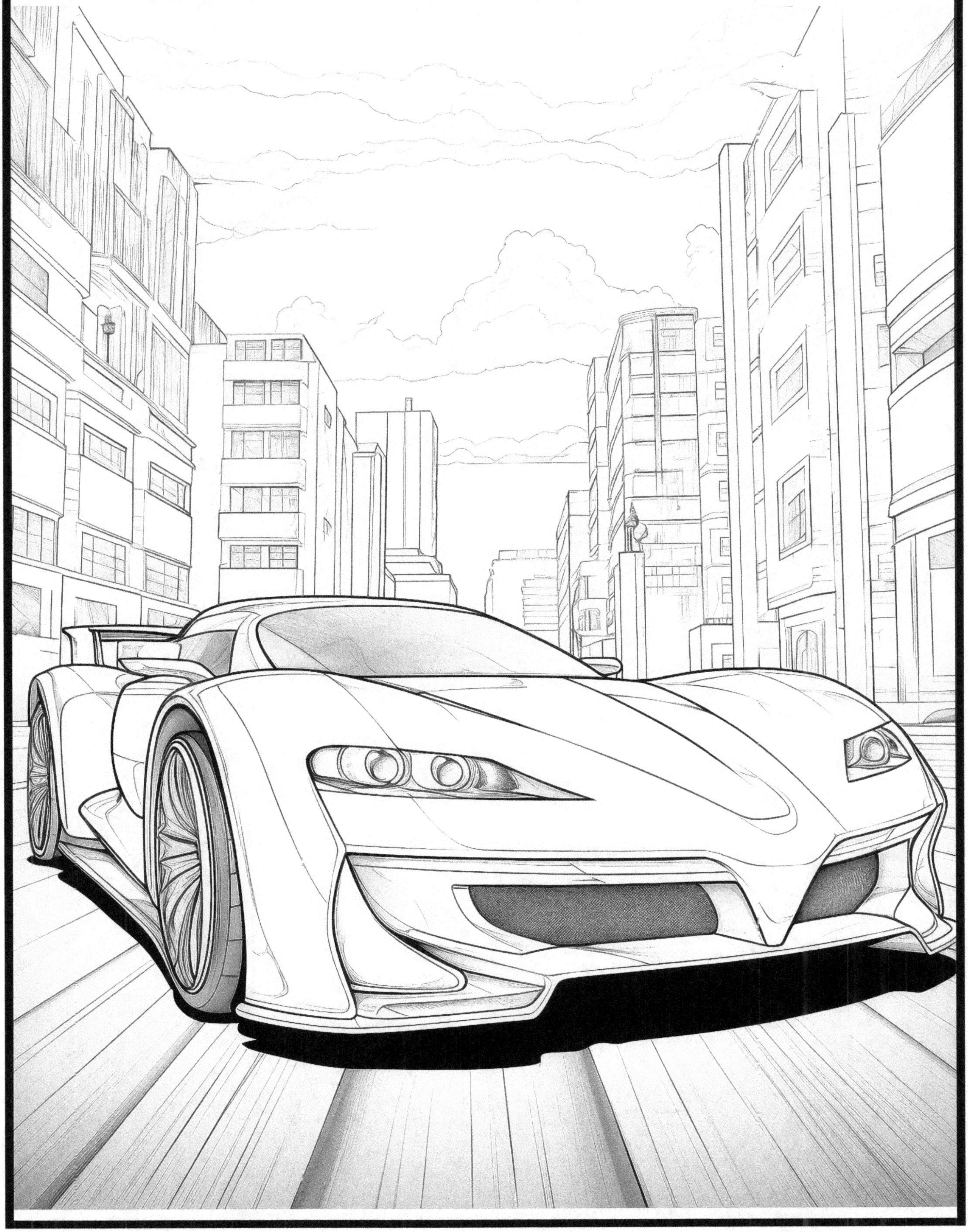

Sharyn Hc

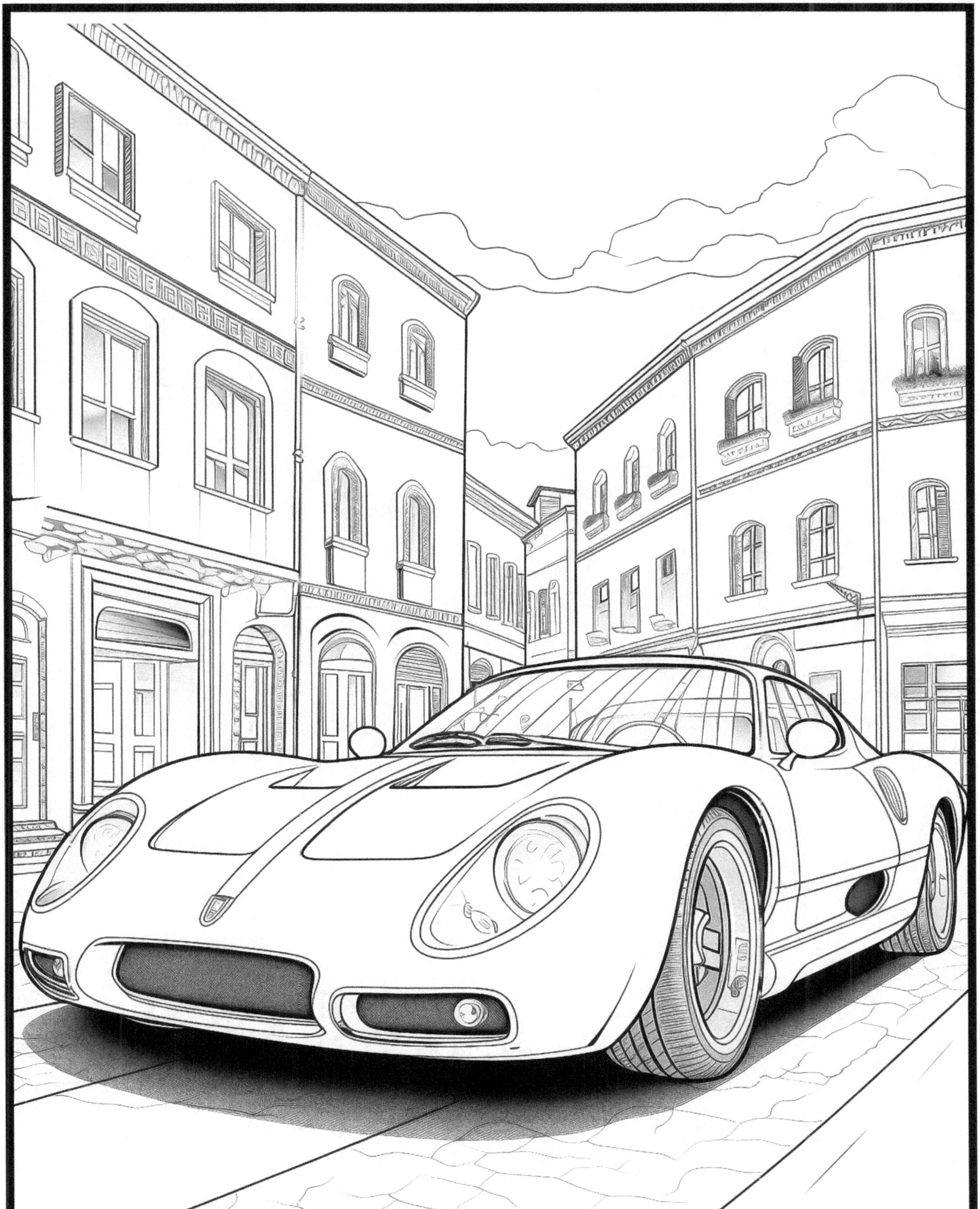

Sharyn Hc

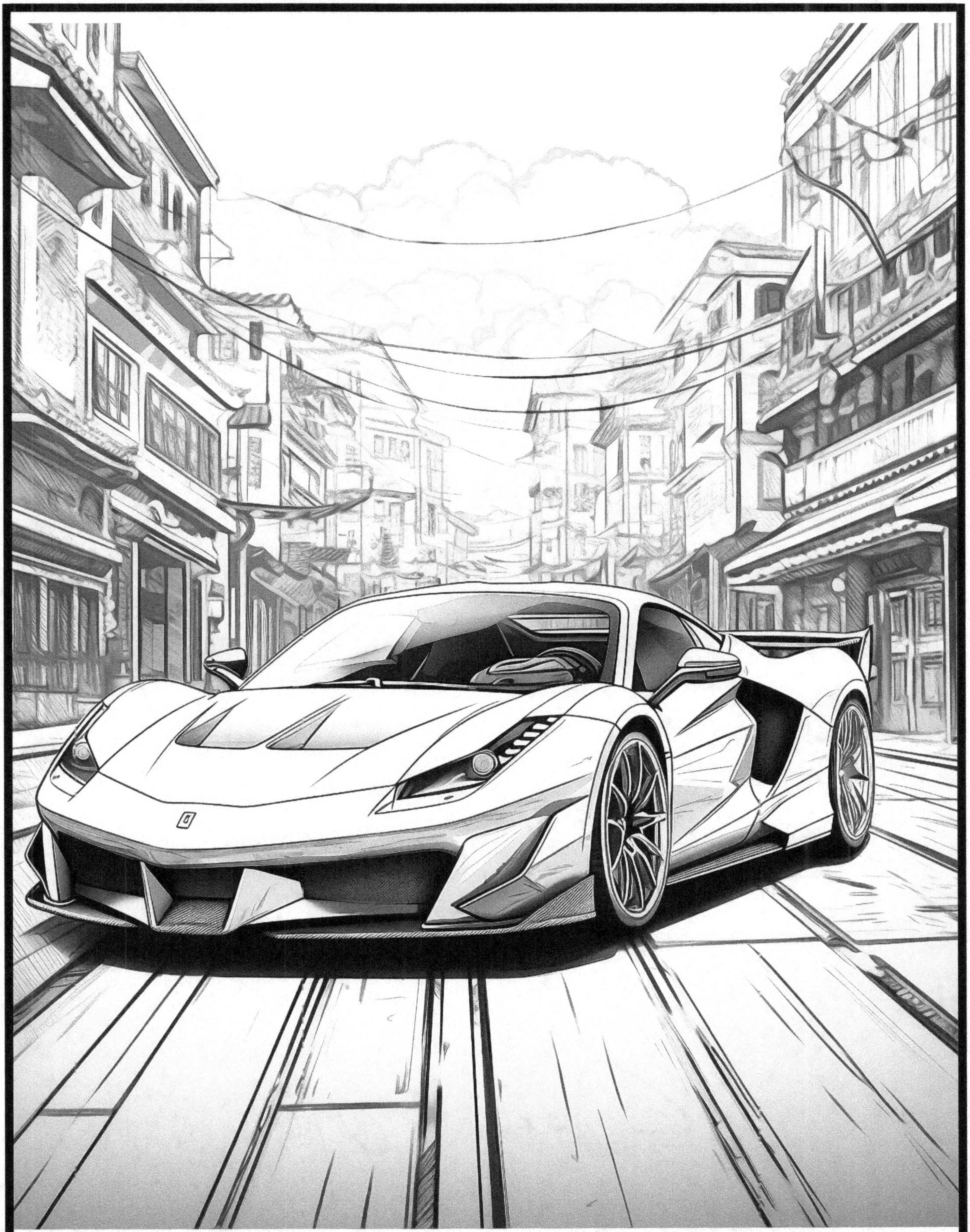

Sharyn Hc

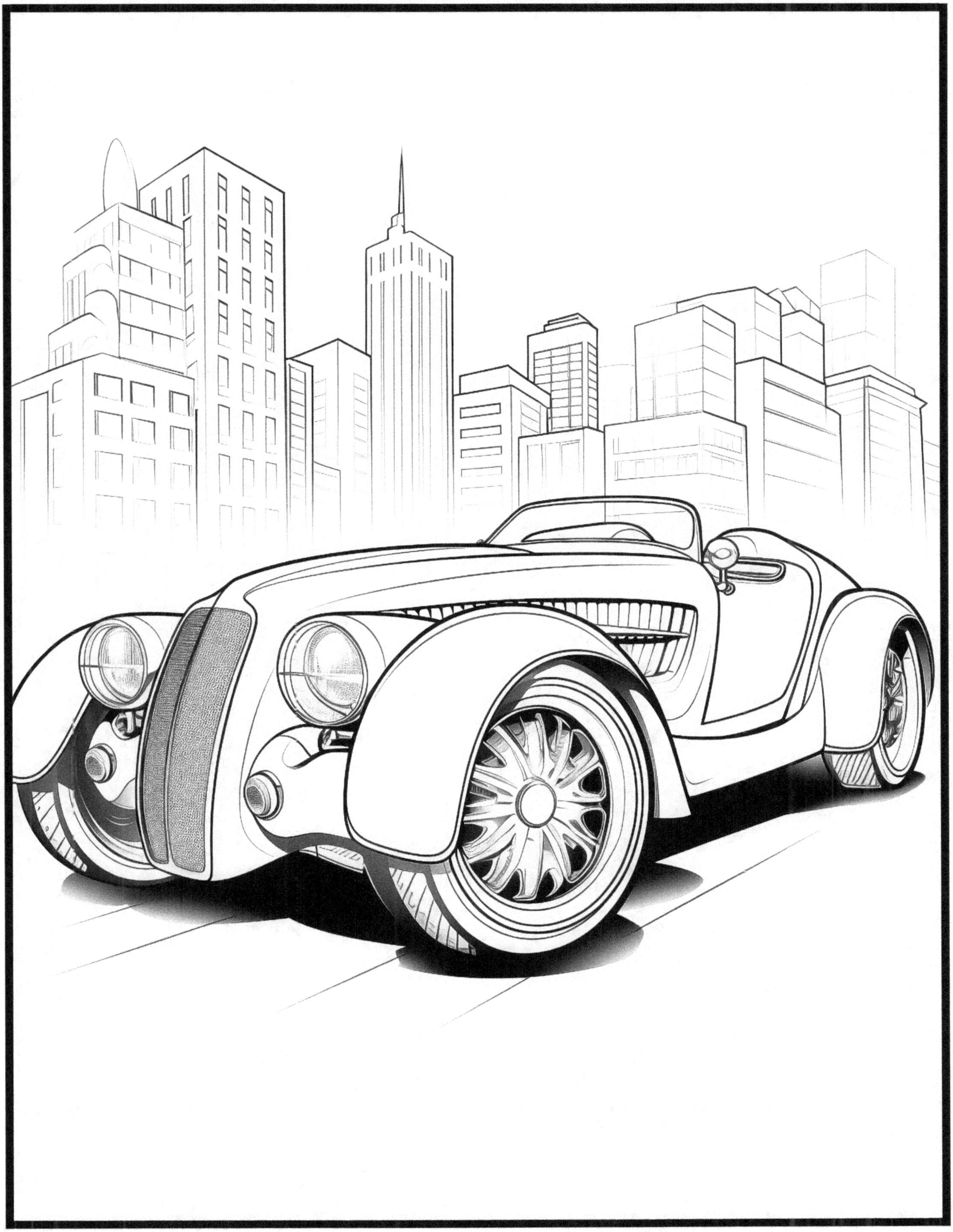

Sharyn Hc

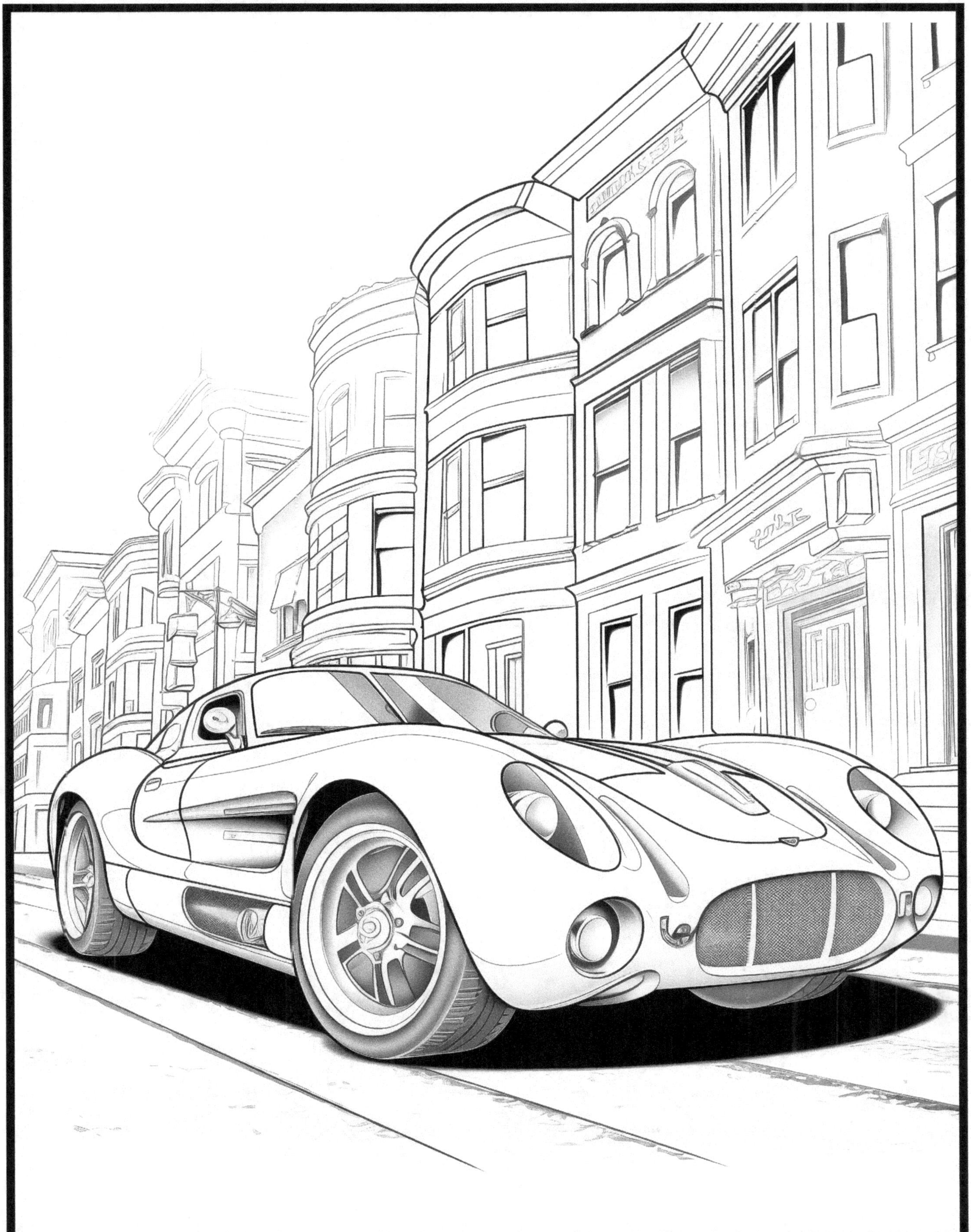

Sharyn Hc

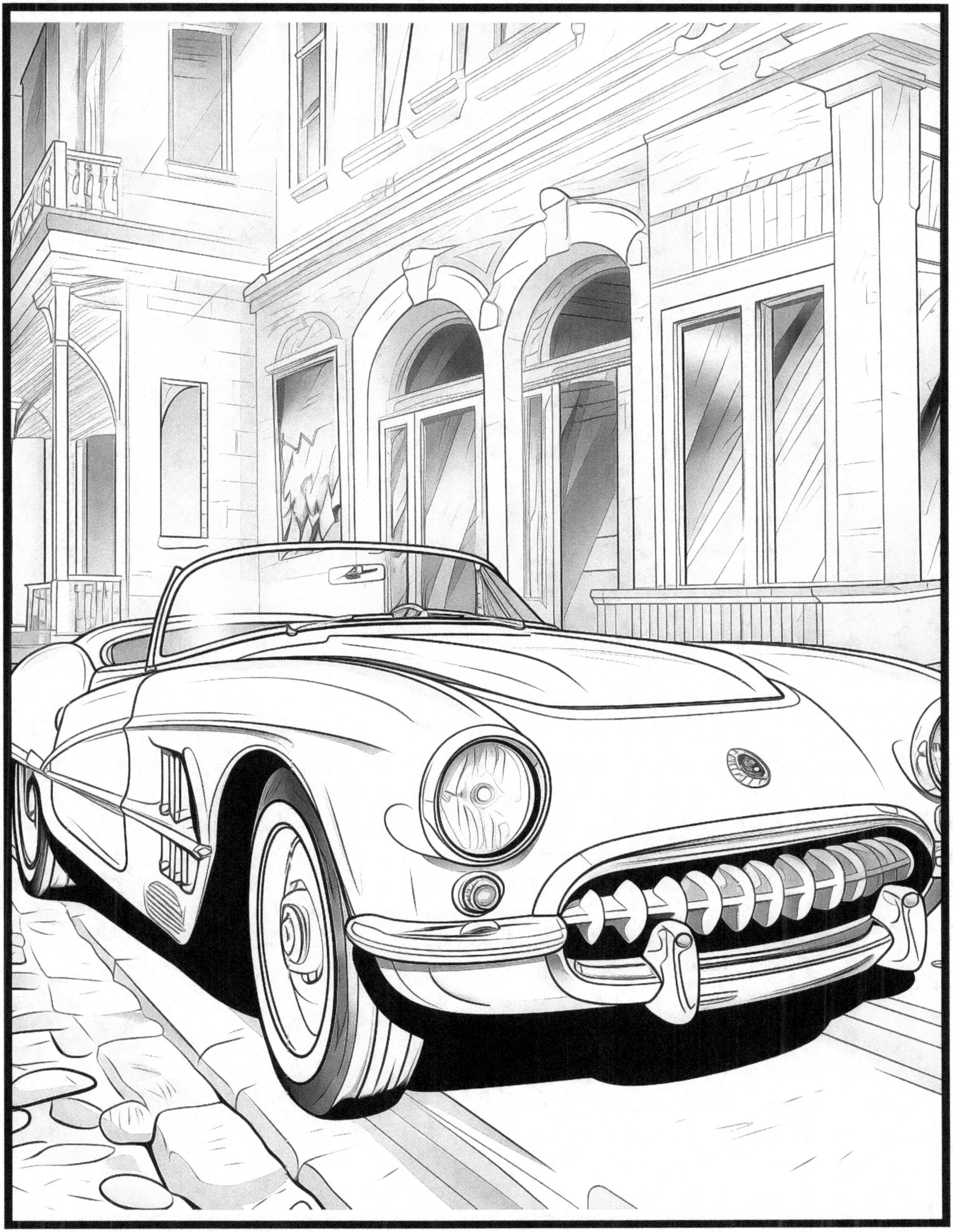

Sharyn Hc

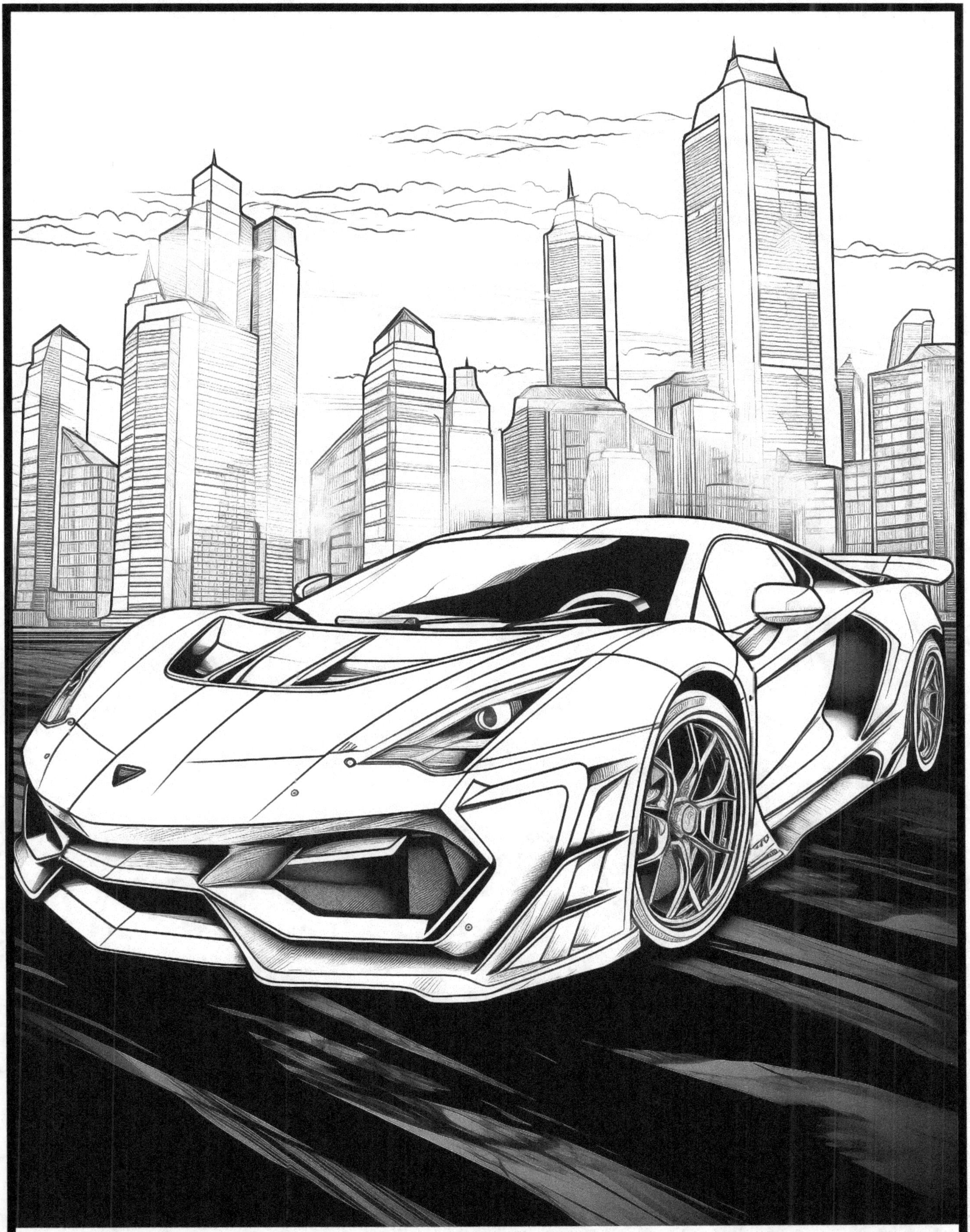

Sharyn Hc

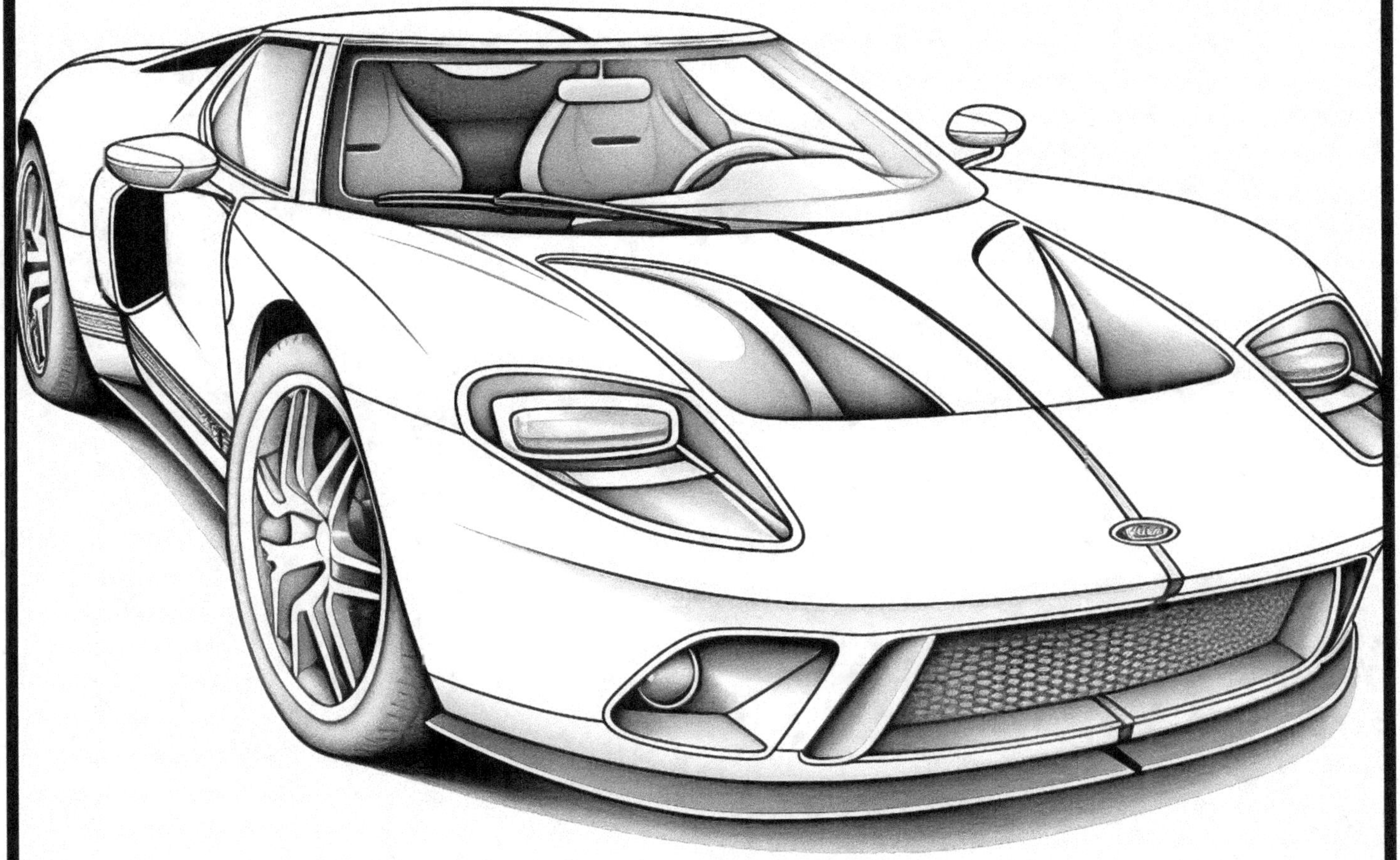

Sharyn Hc

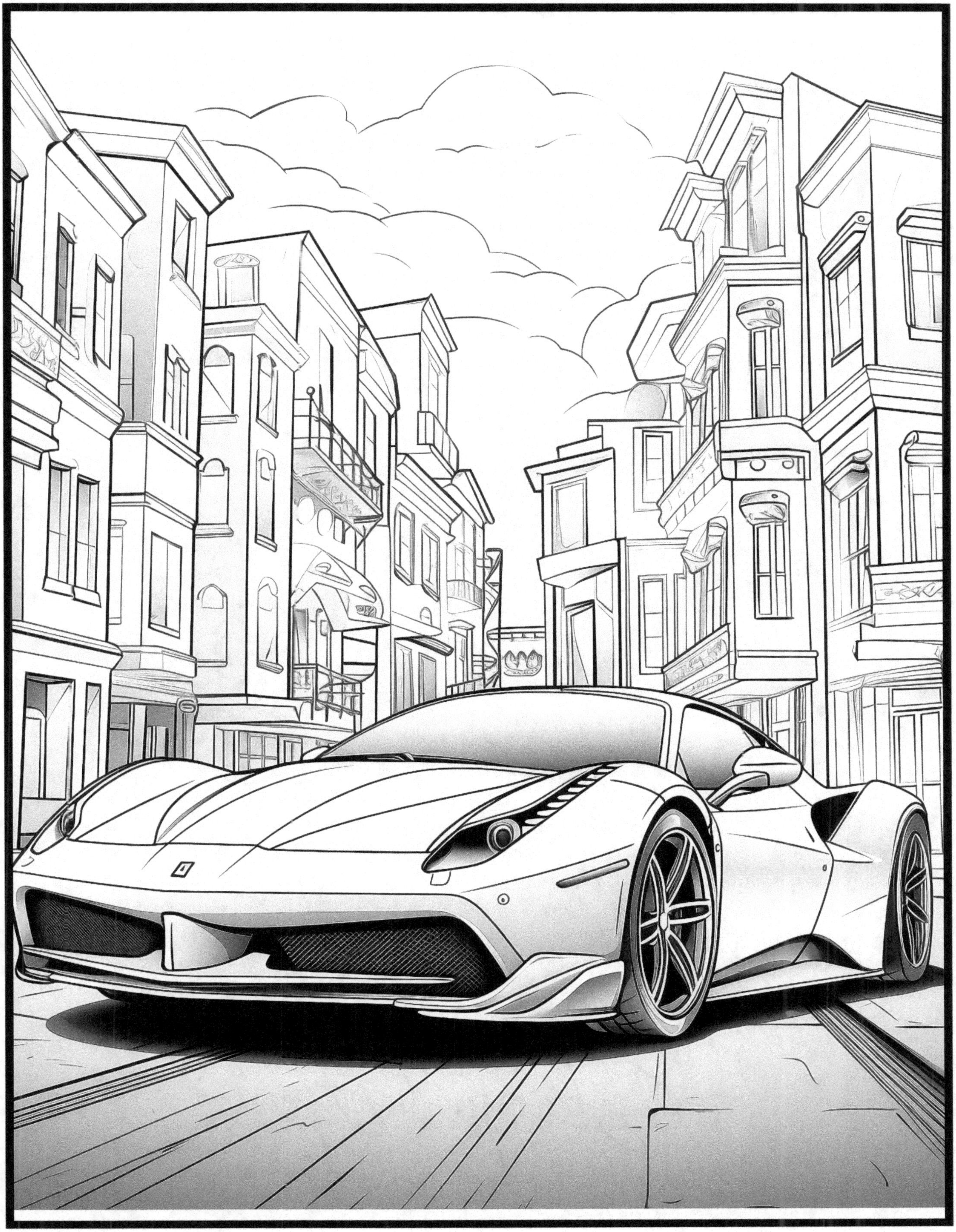

Sharyn Hc

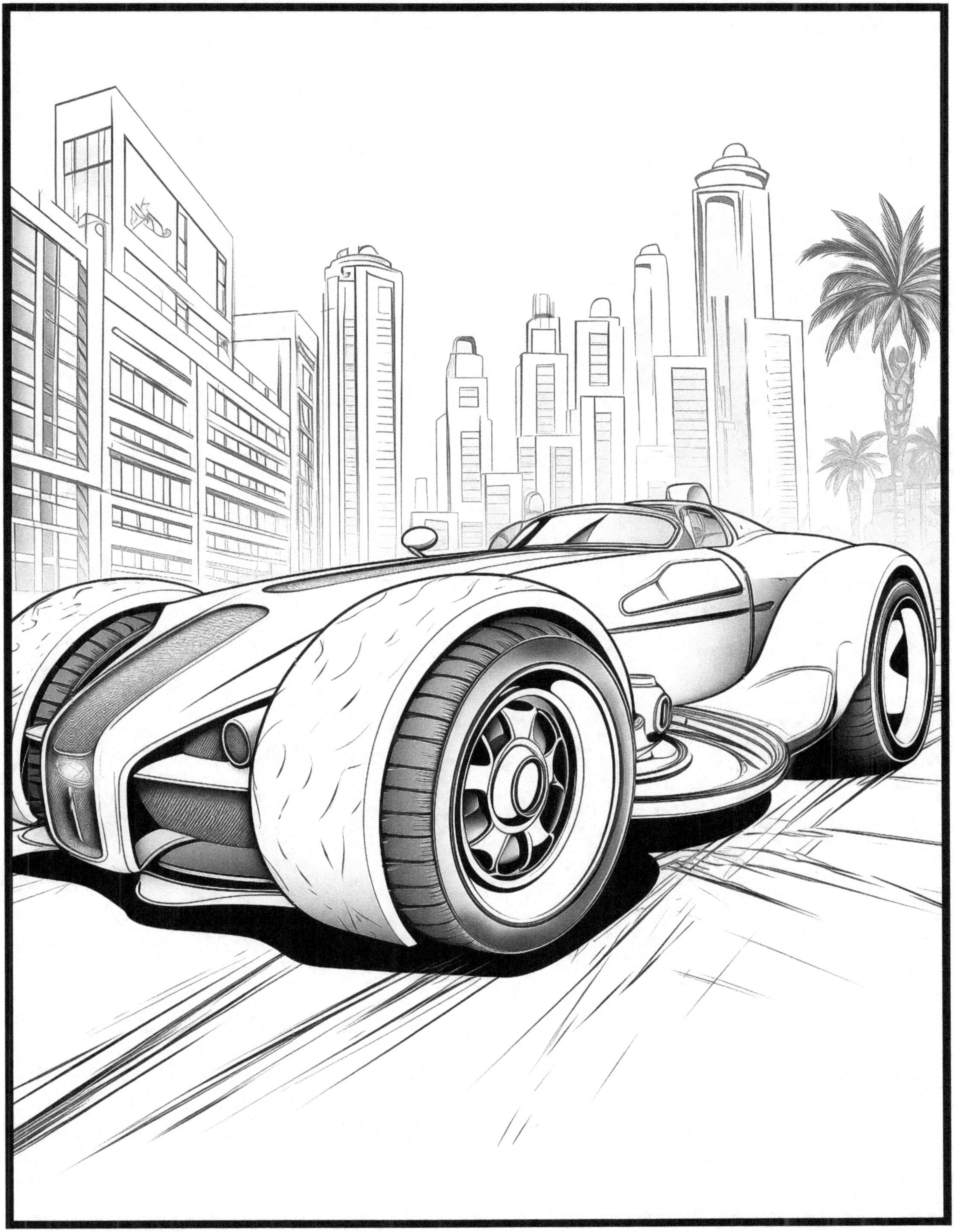

Sharyn Hc

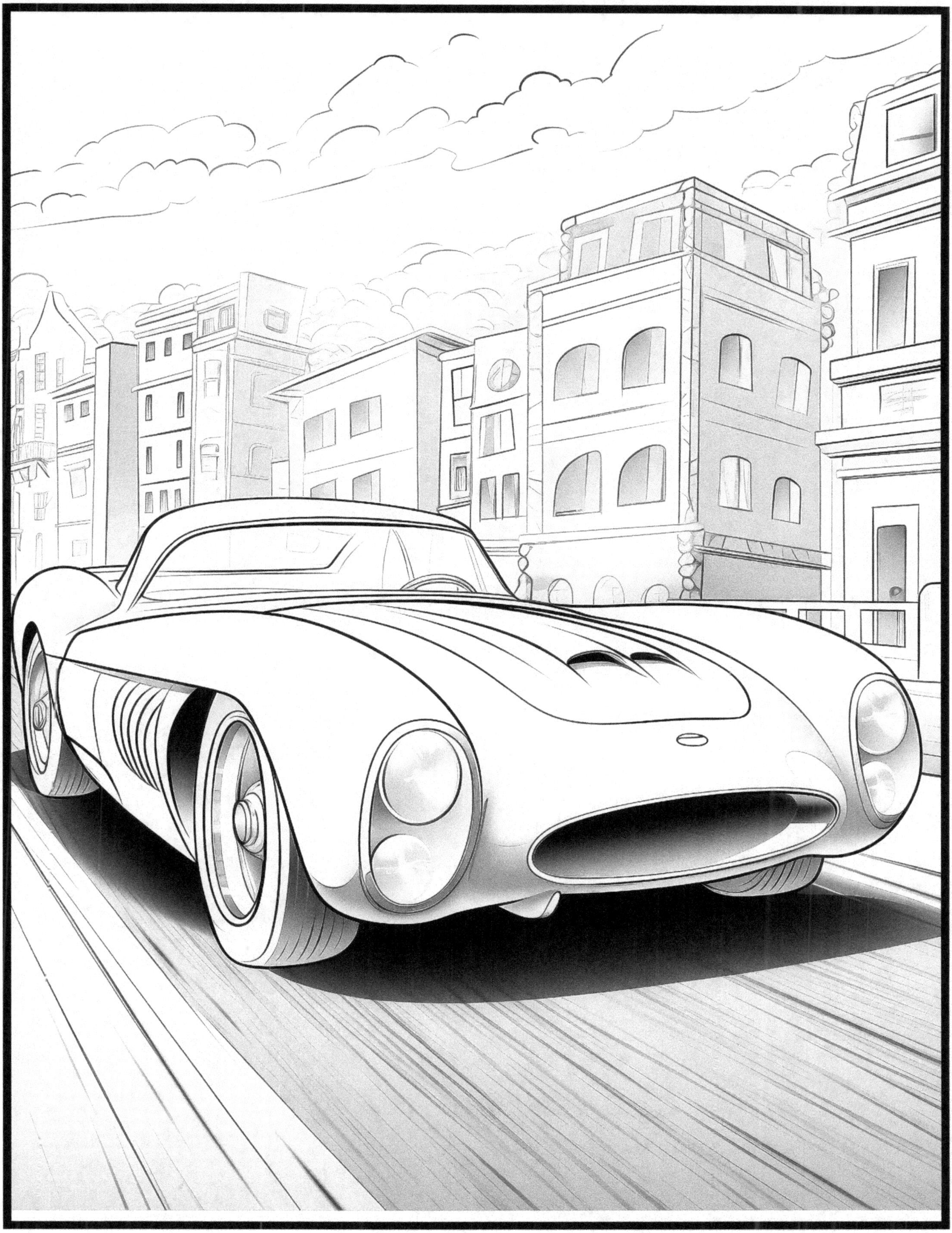

Sharyn Hc

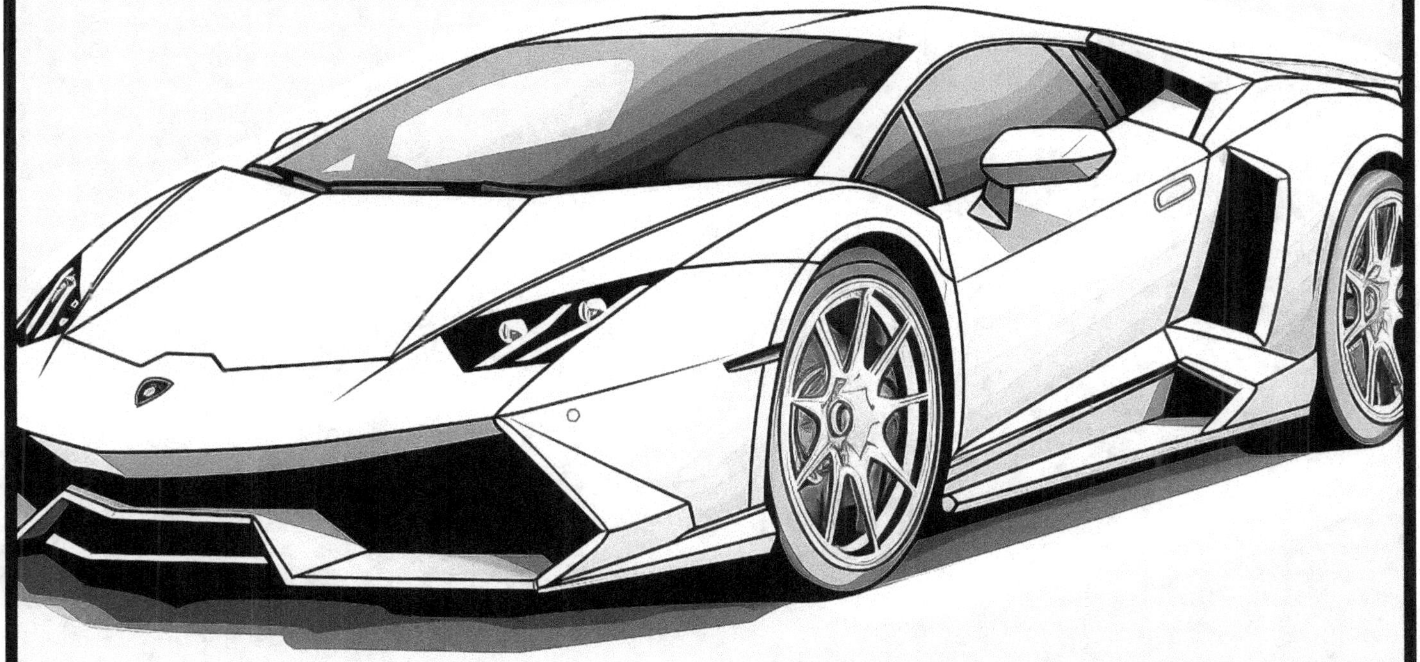

Sharyn Hc

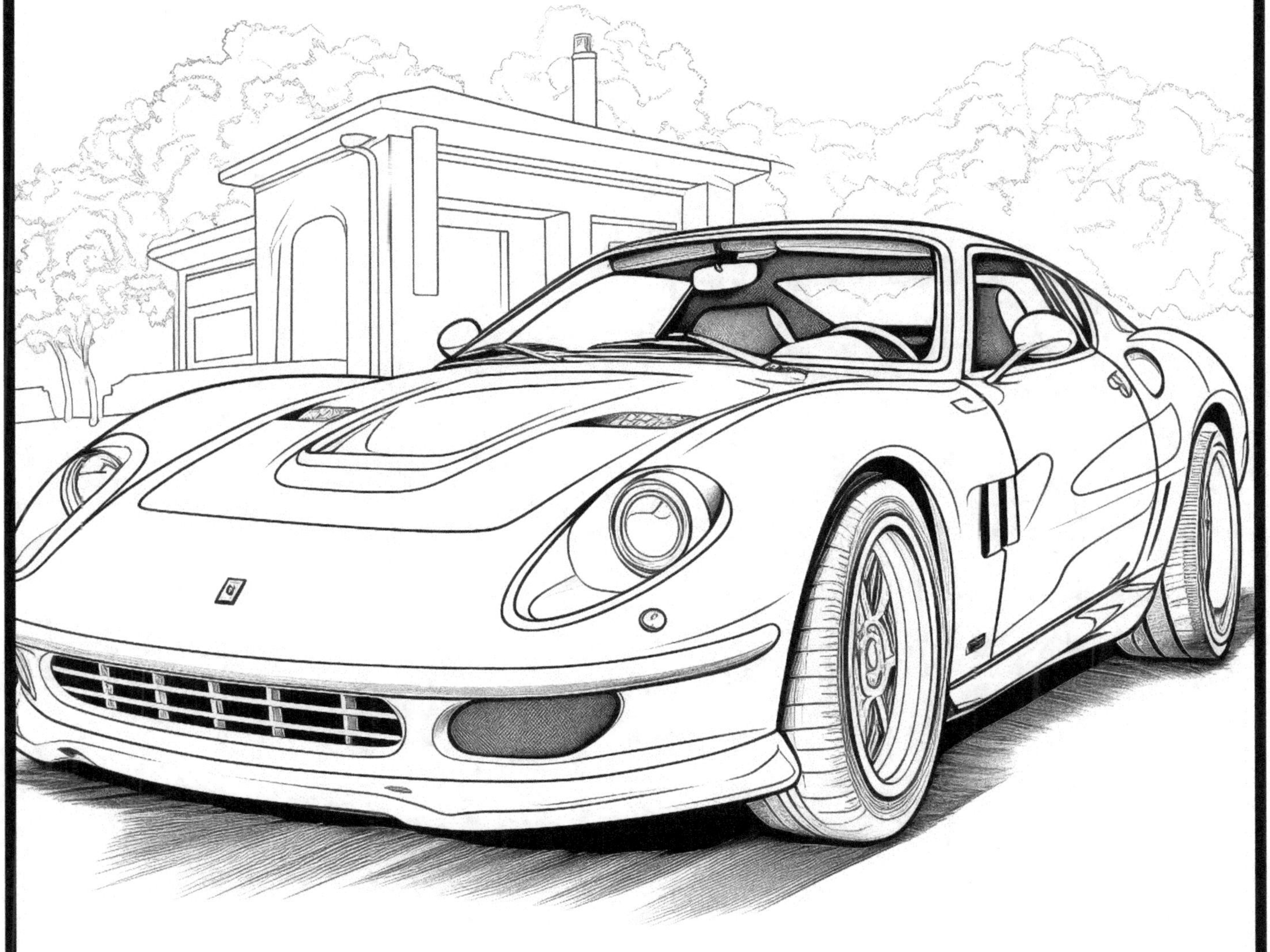

Sharyn Hc

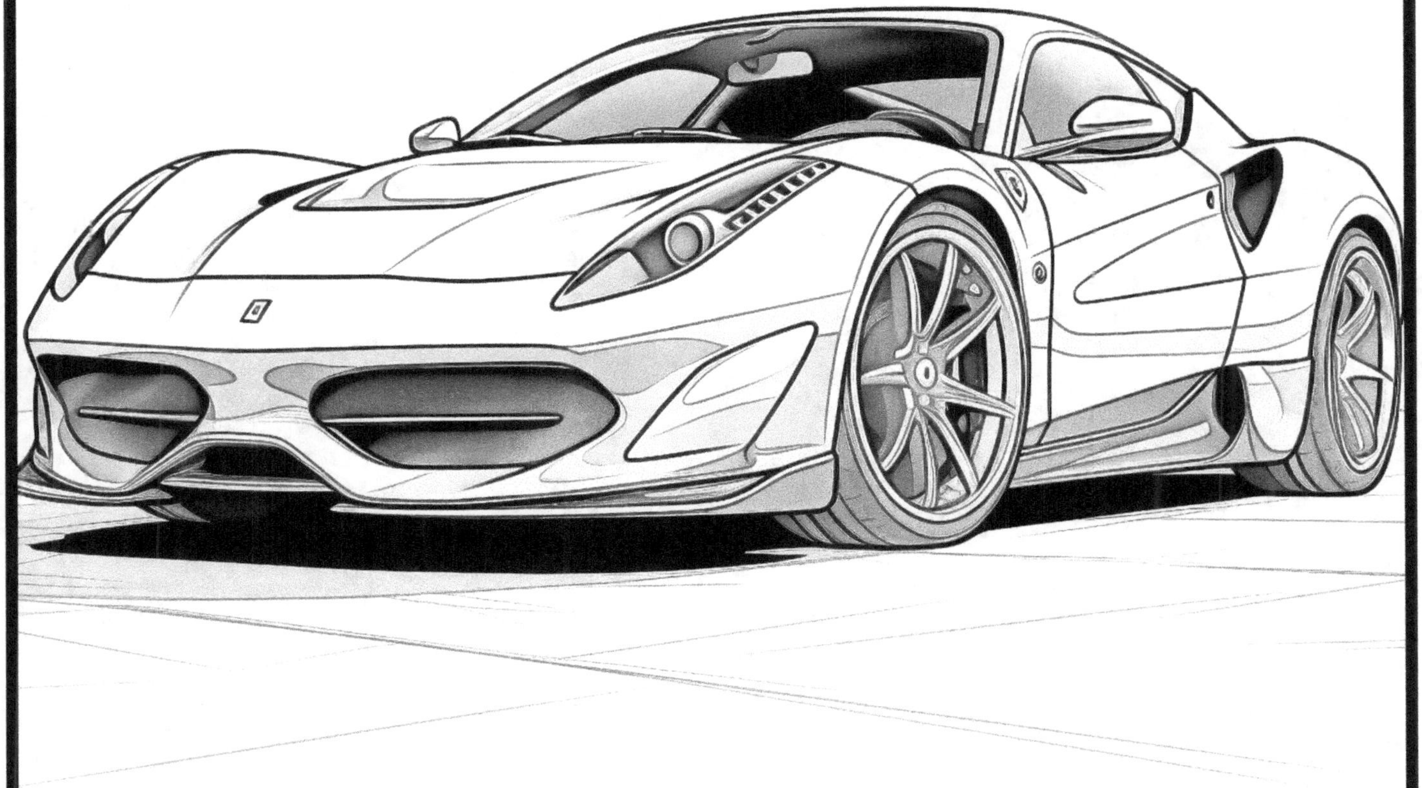

Sharyn Hc

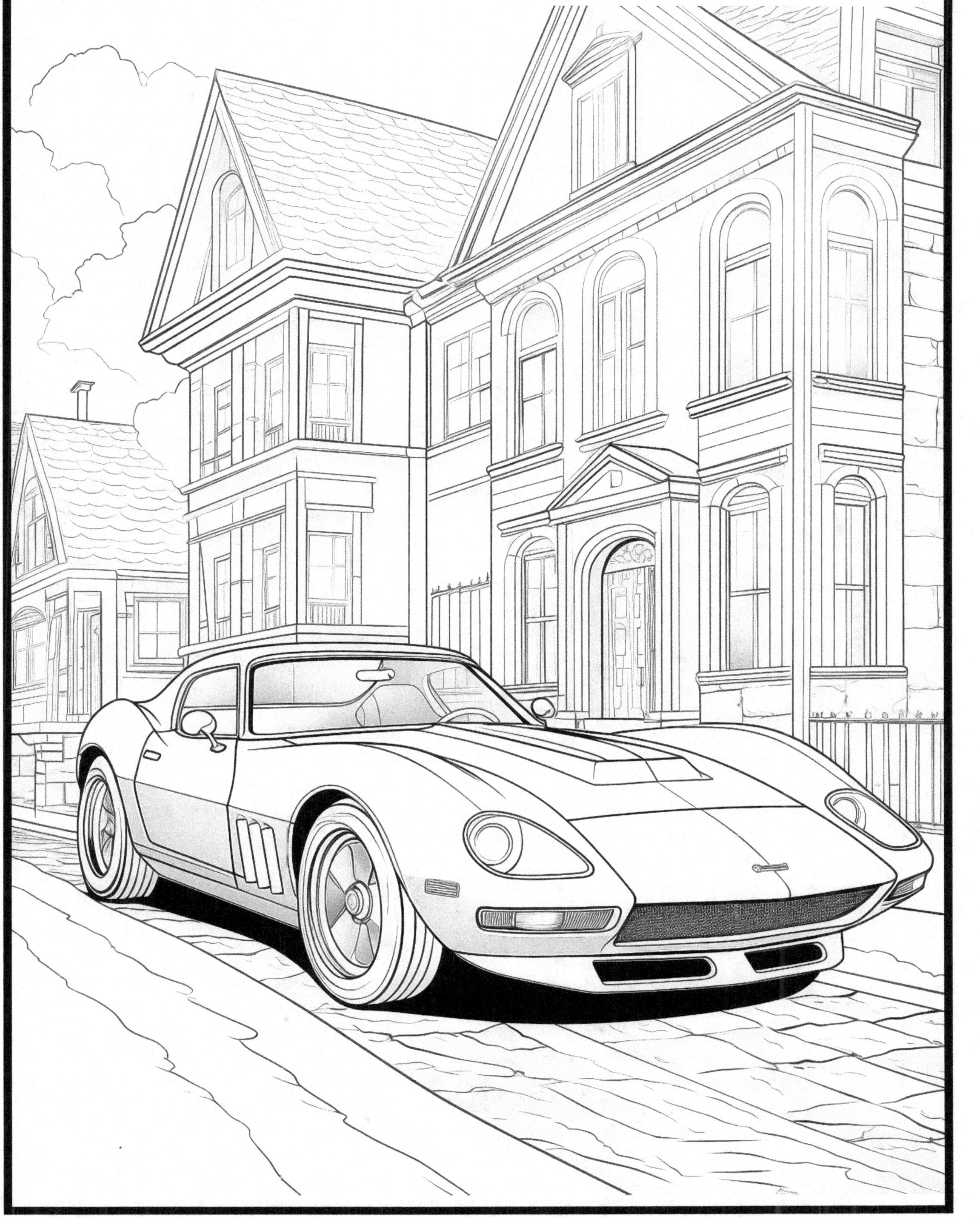

Sharyn Hc

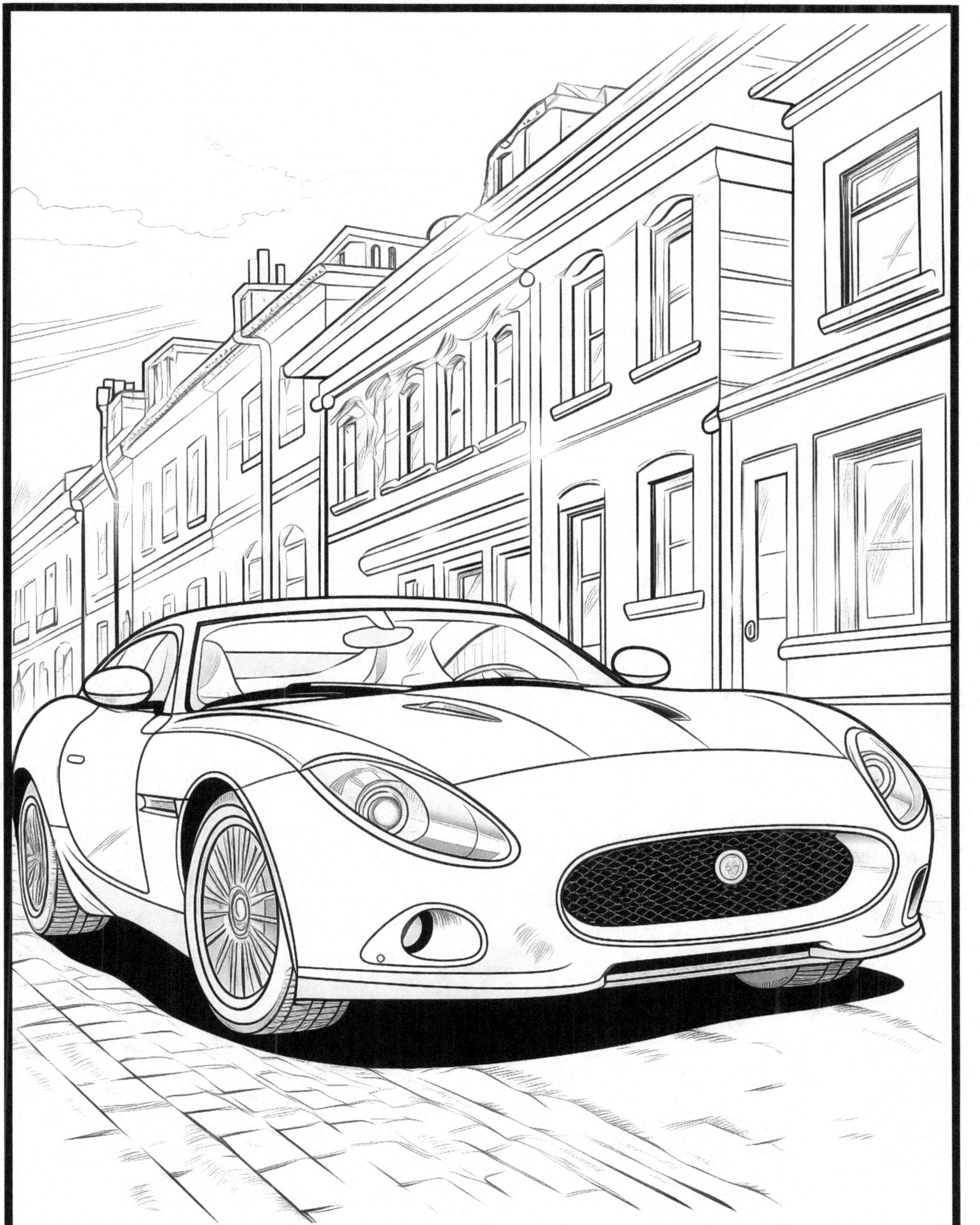

Sharyn Hc

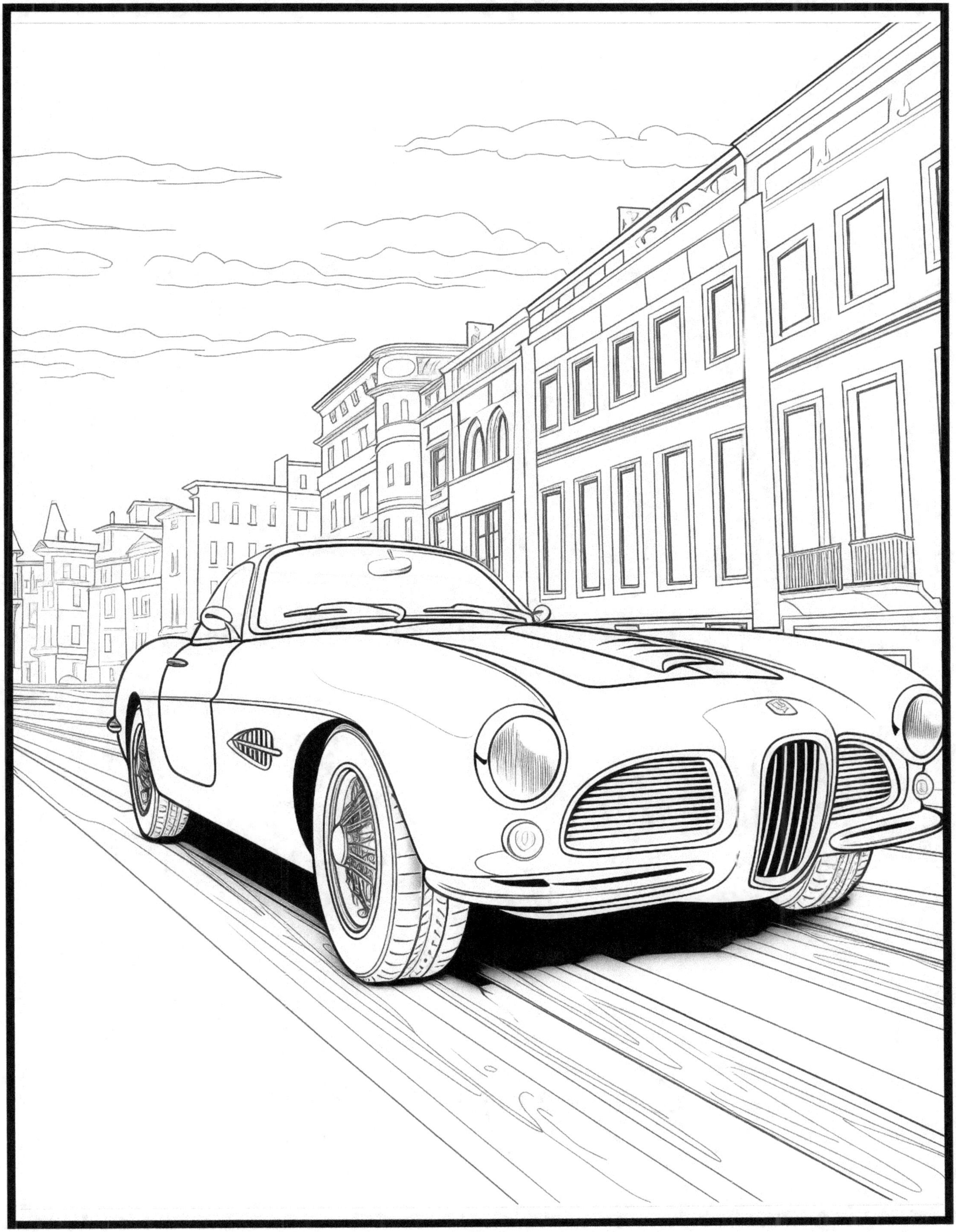

Sharyn Hc

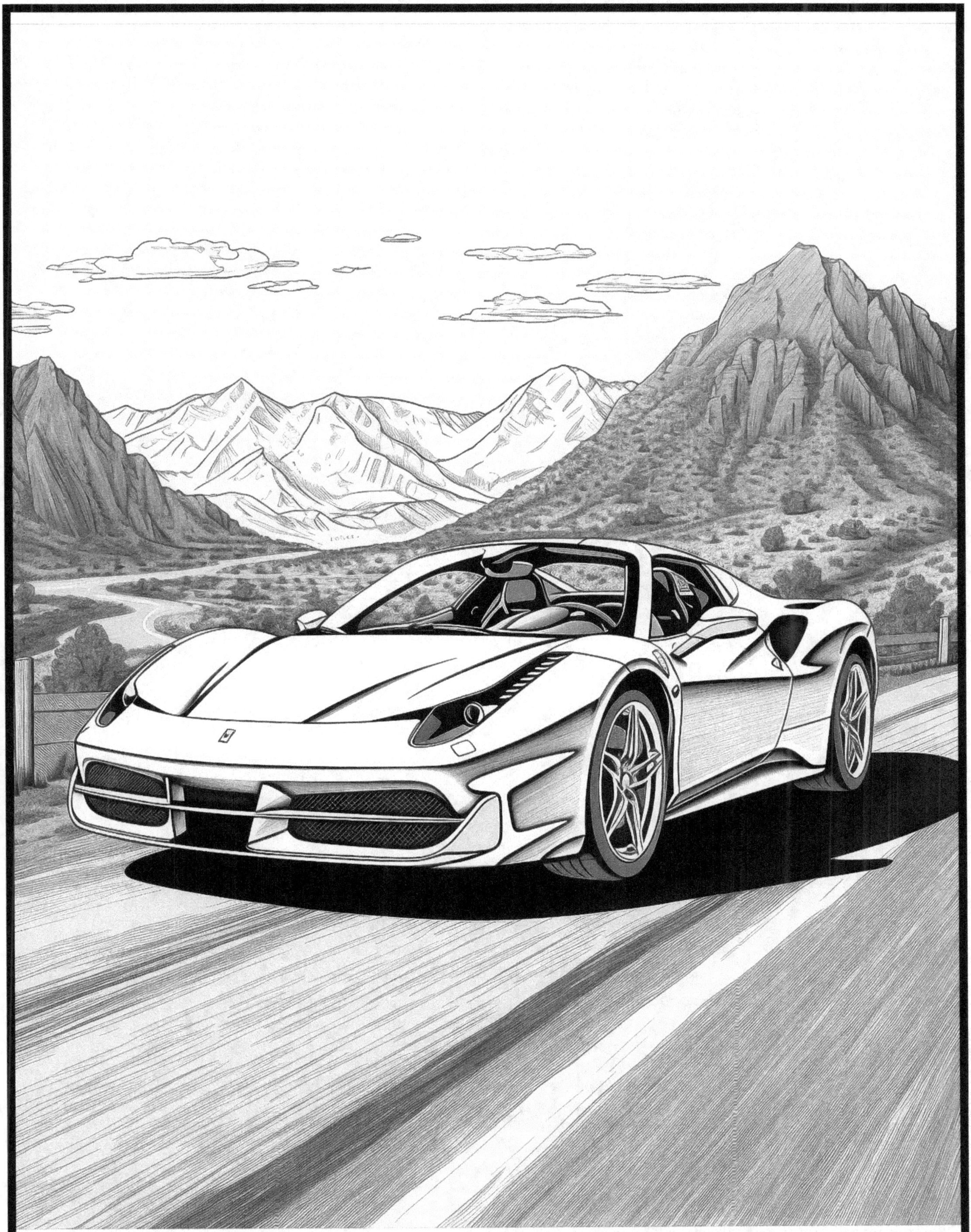

Sharyn Hc

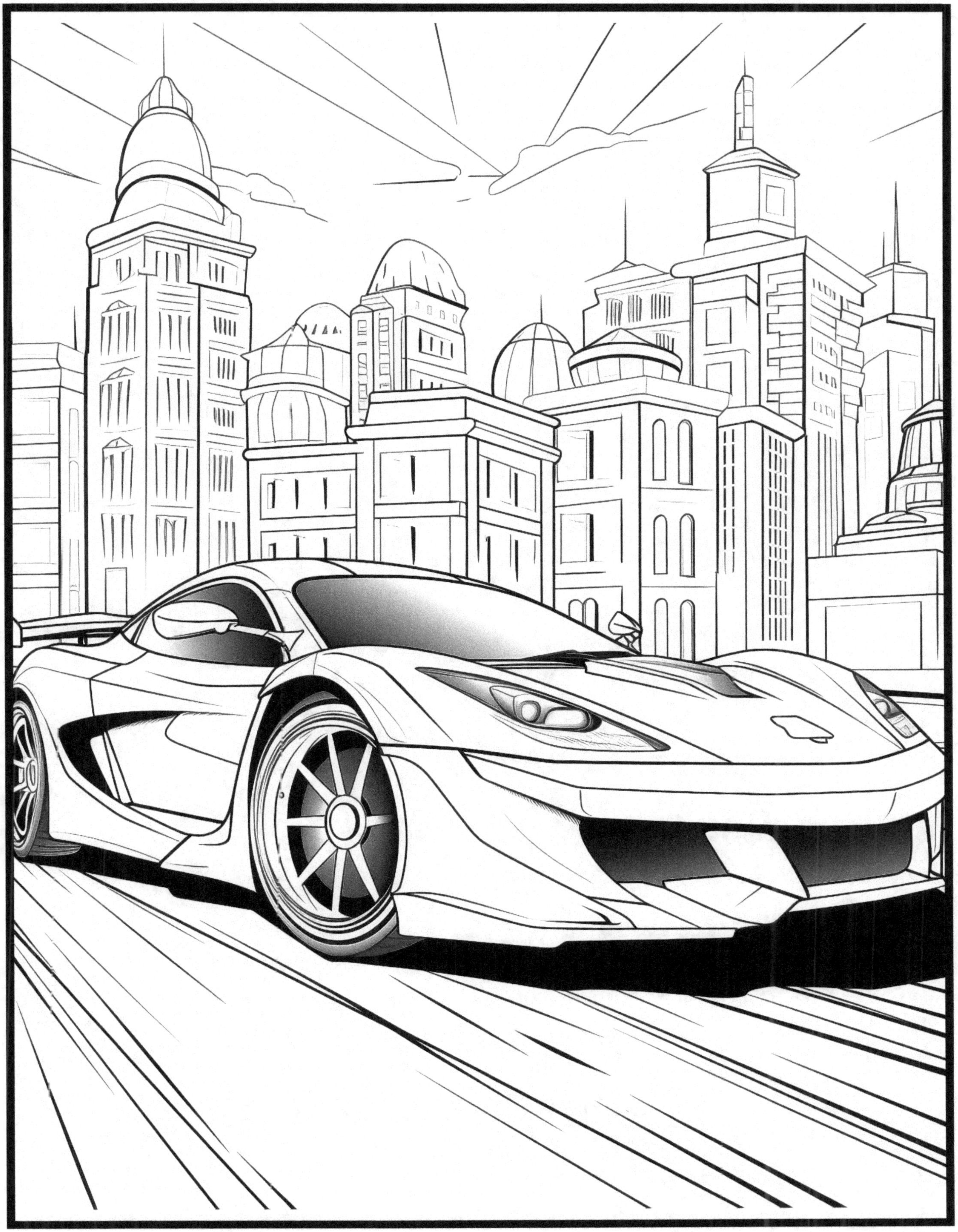

Sharyn Hc

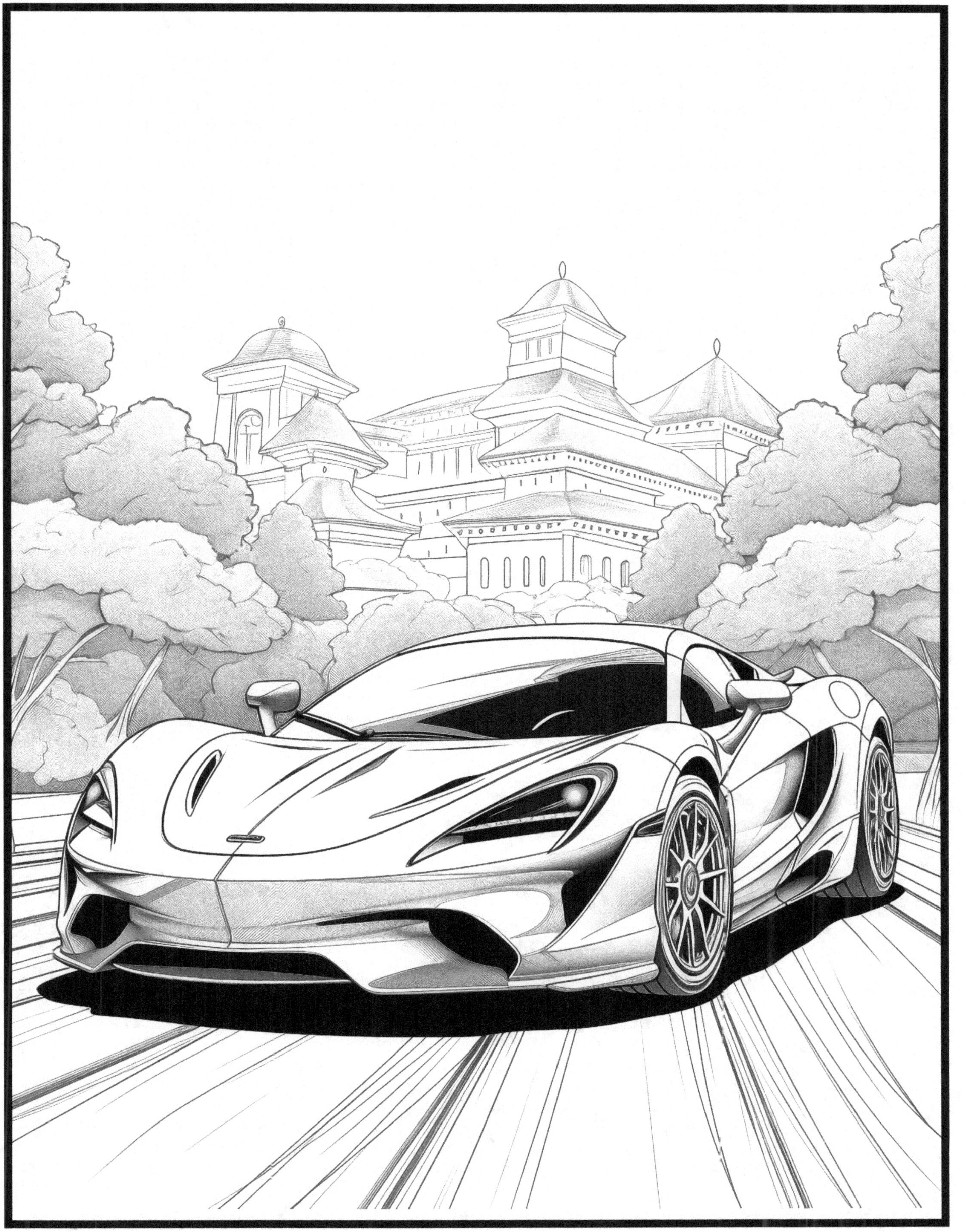

Sharyn Hc

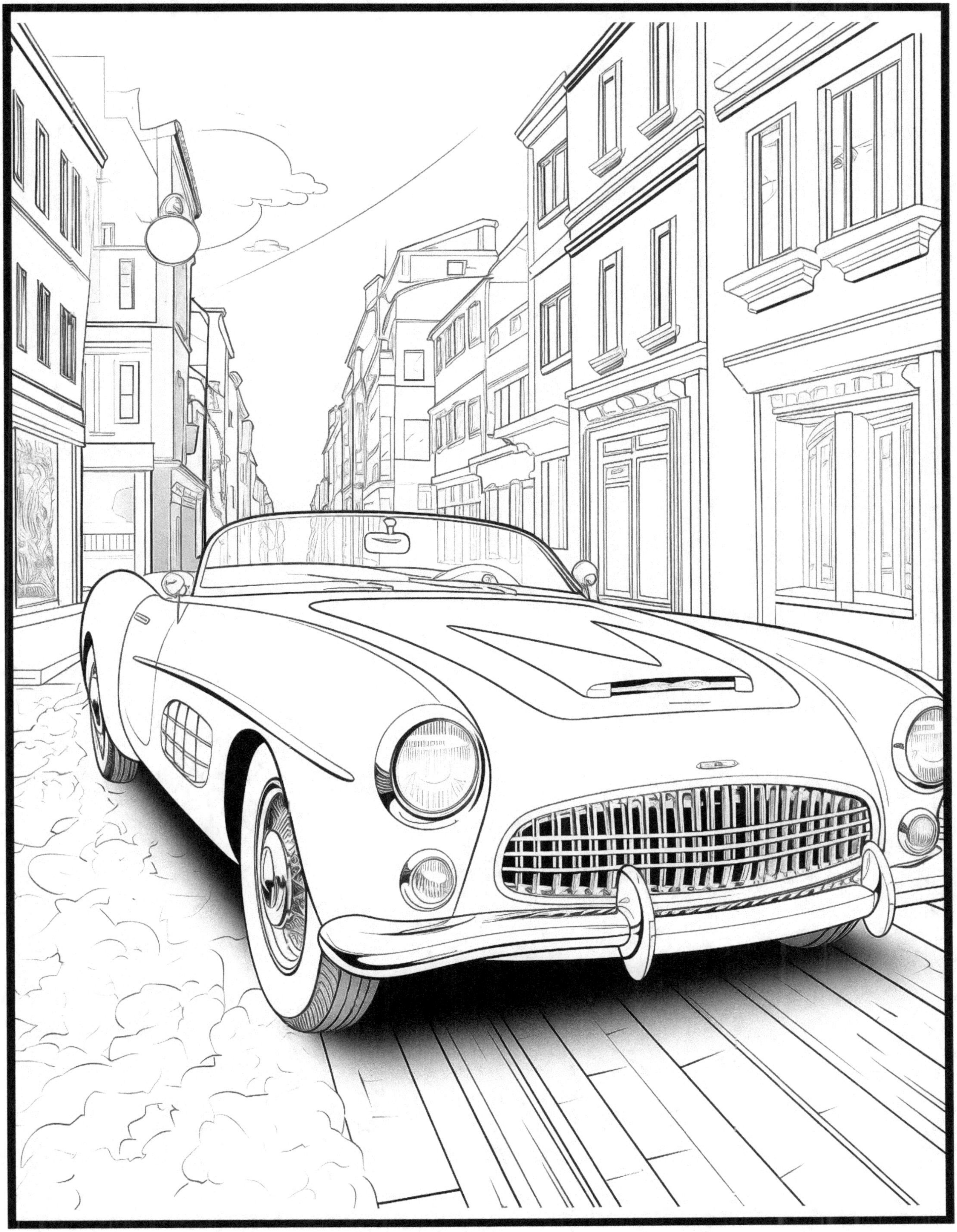

Sharyn Hc

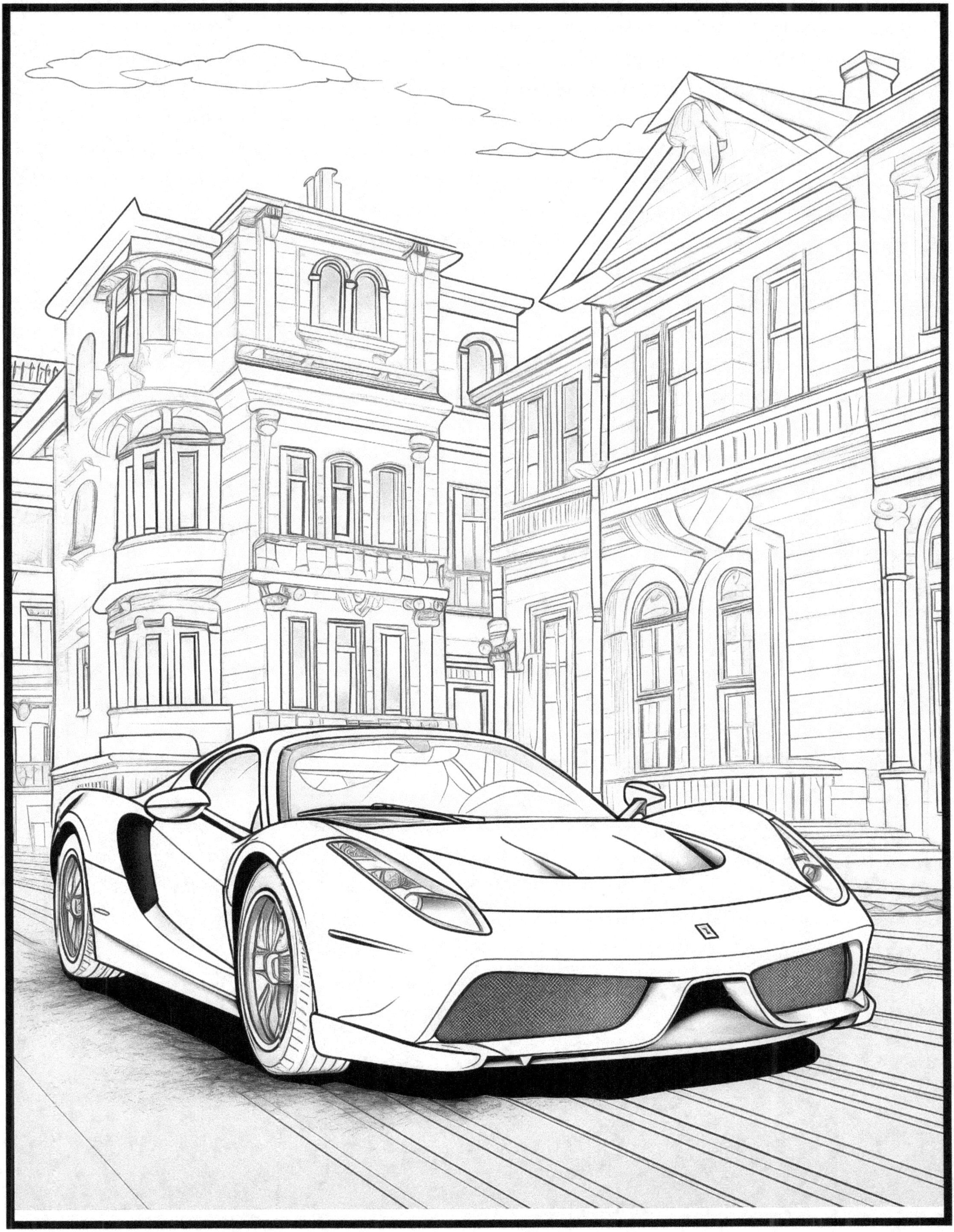

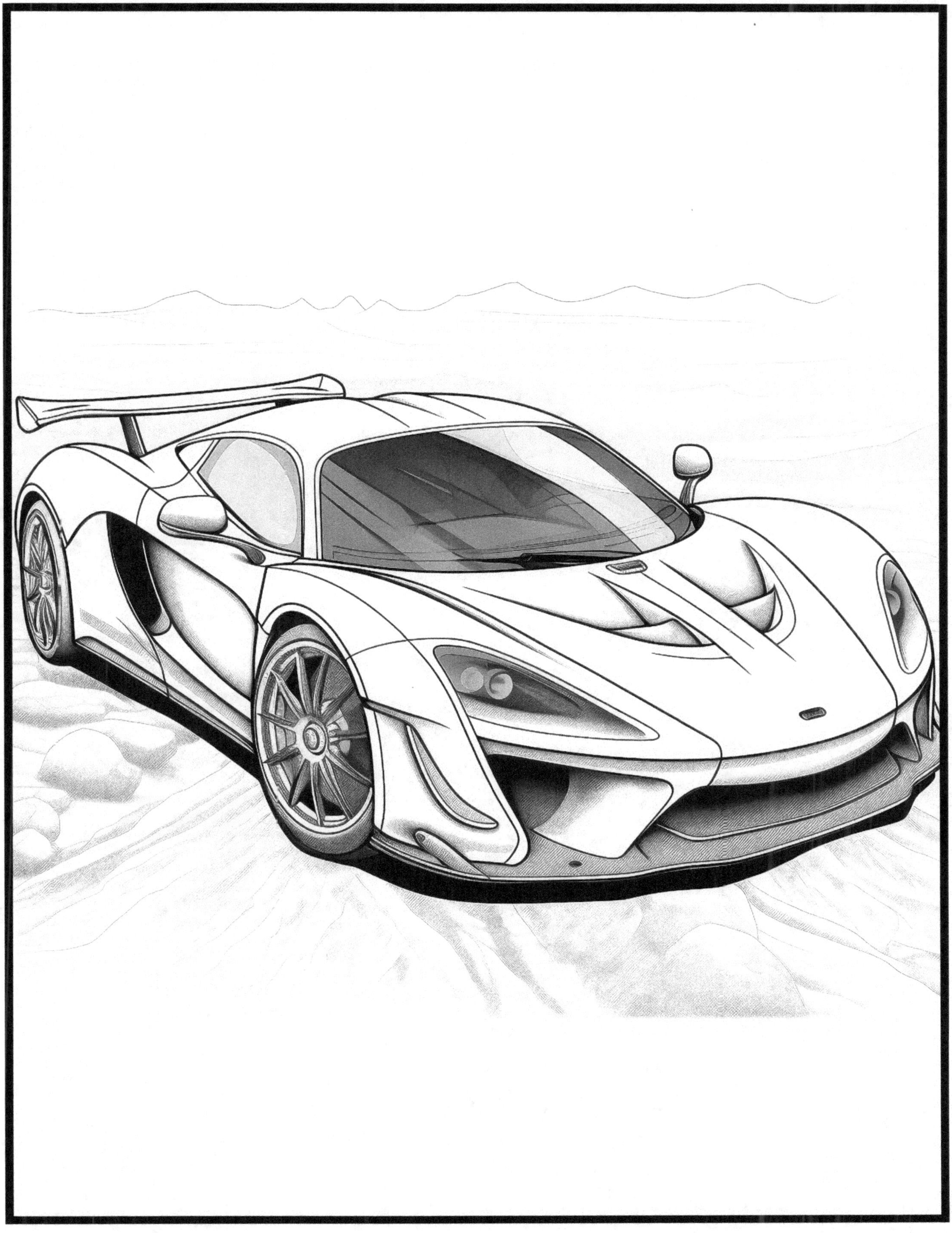

Sharyn Hc

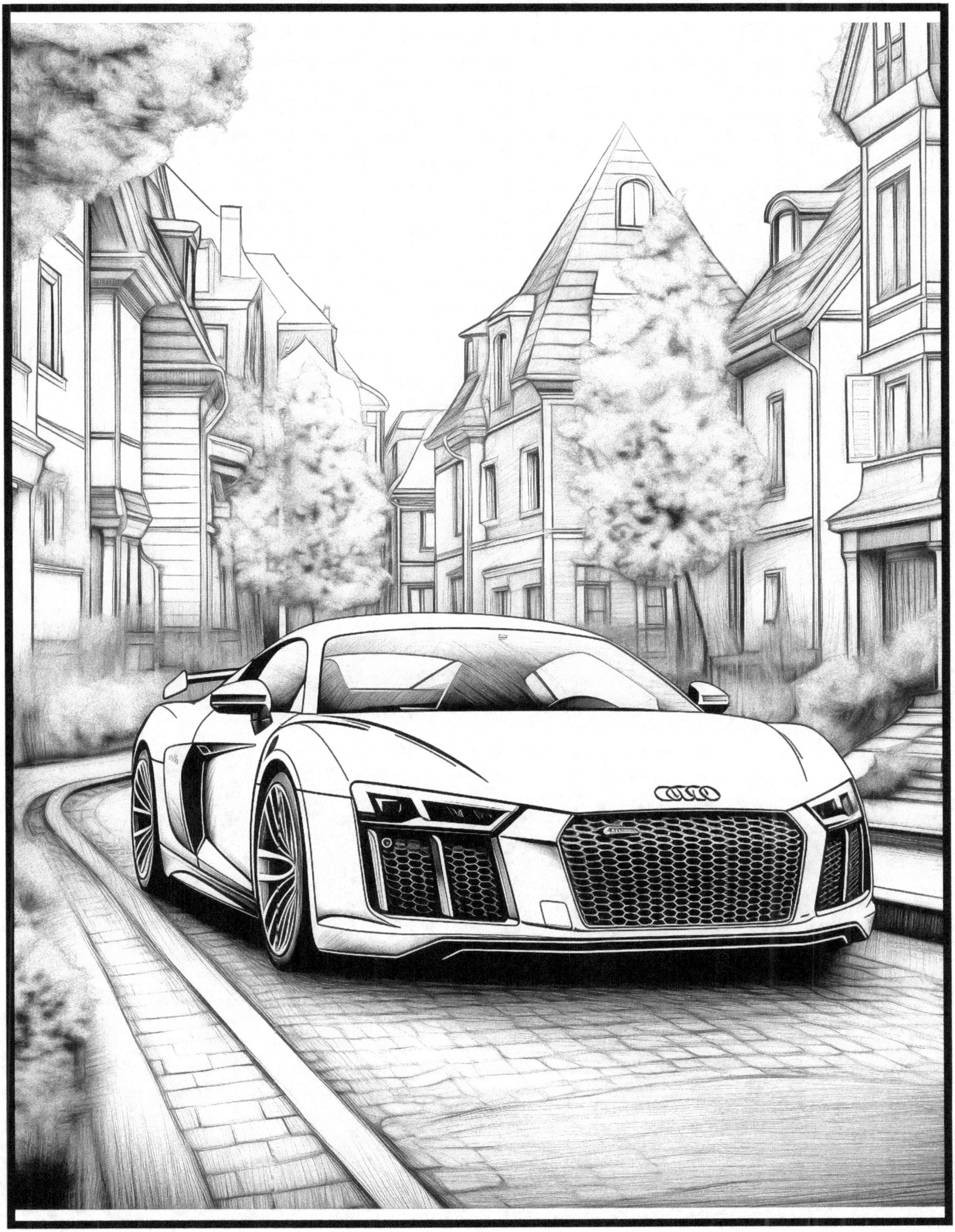

Sharyn Hc

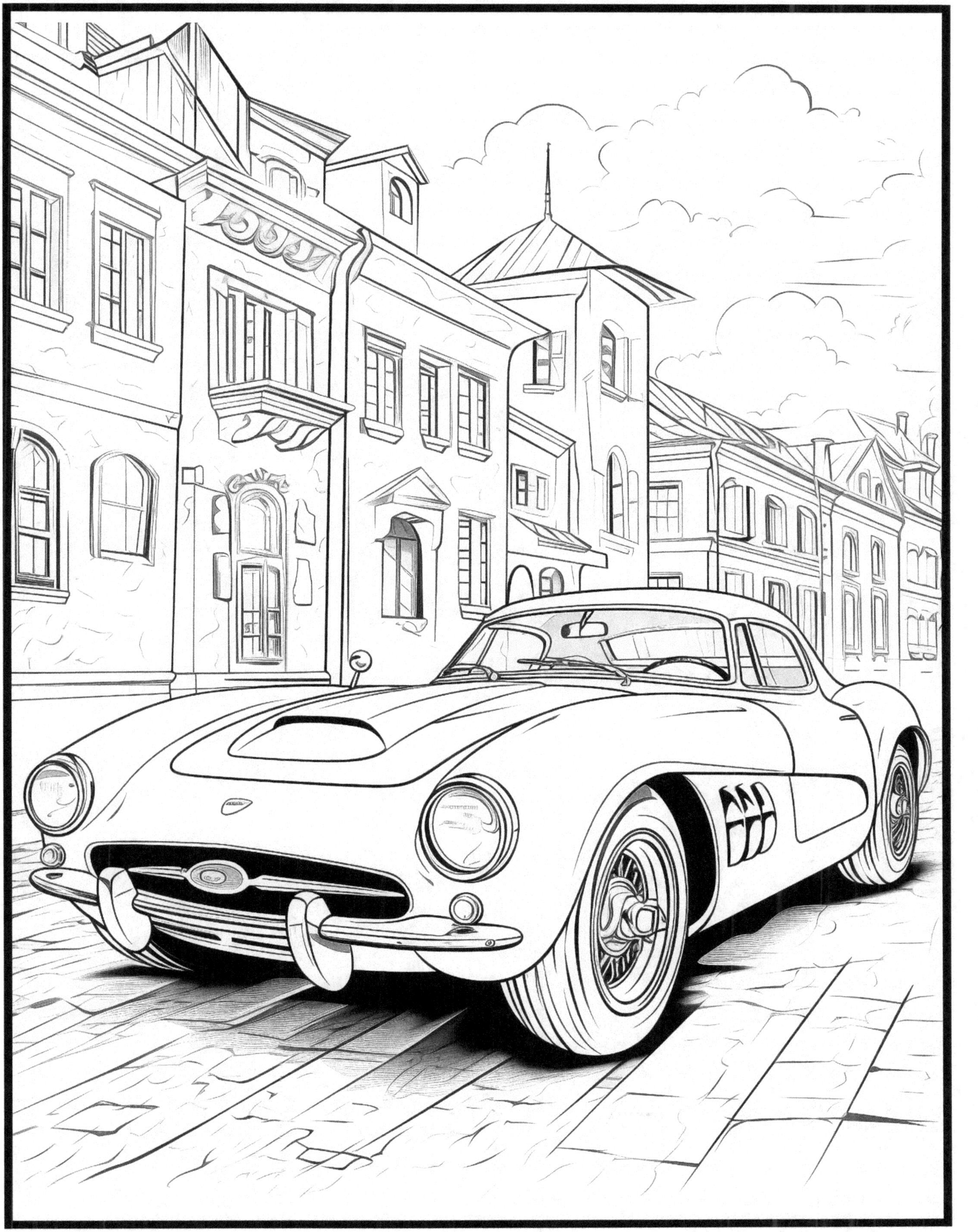

Sharyn Hc

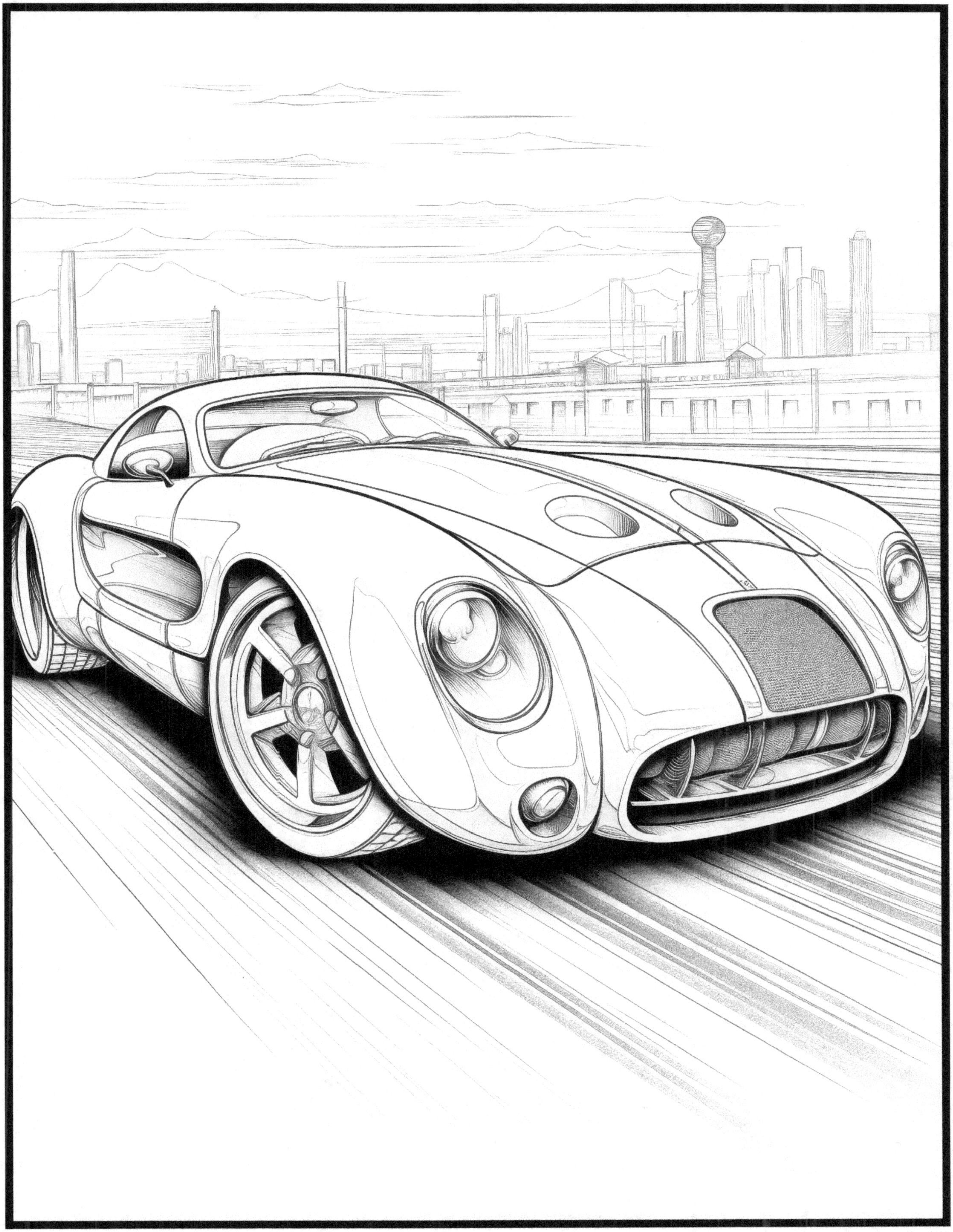

Sharyn Hc

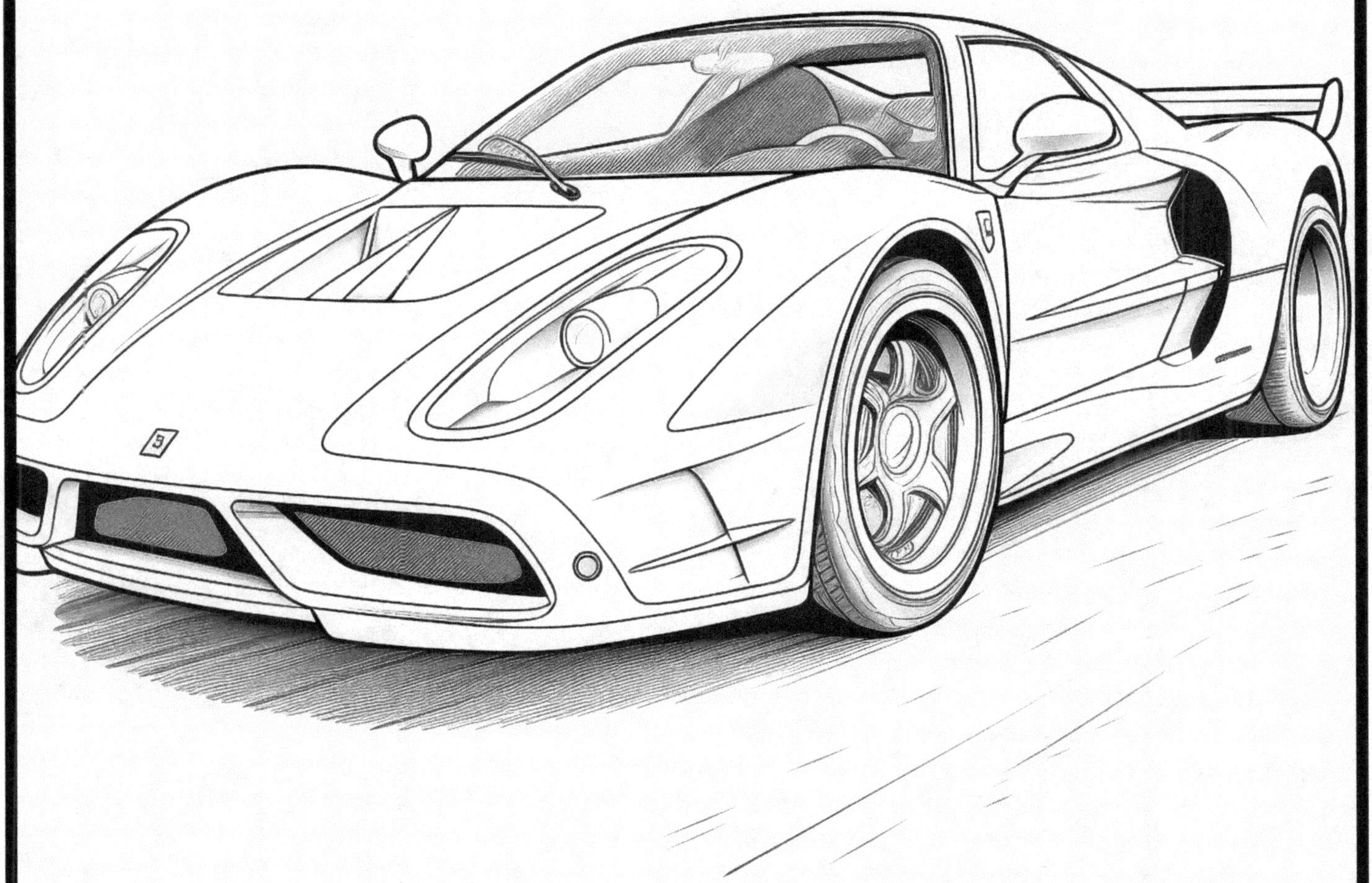

Sharyn Hc

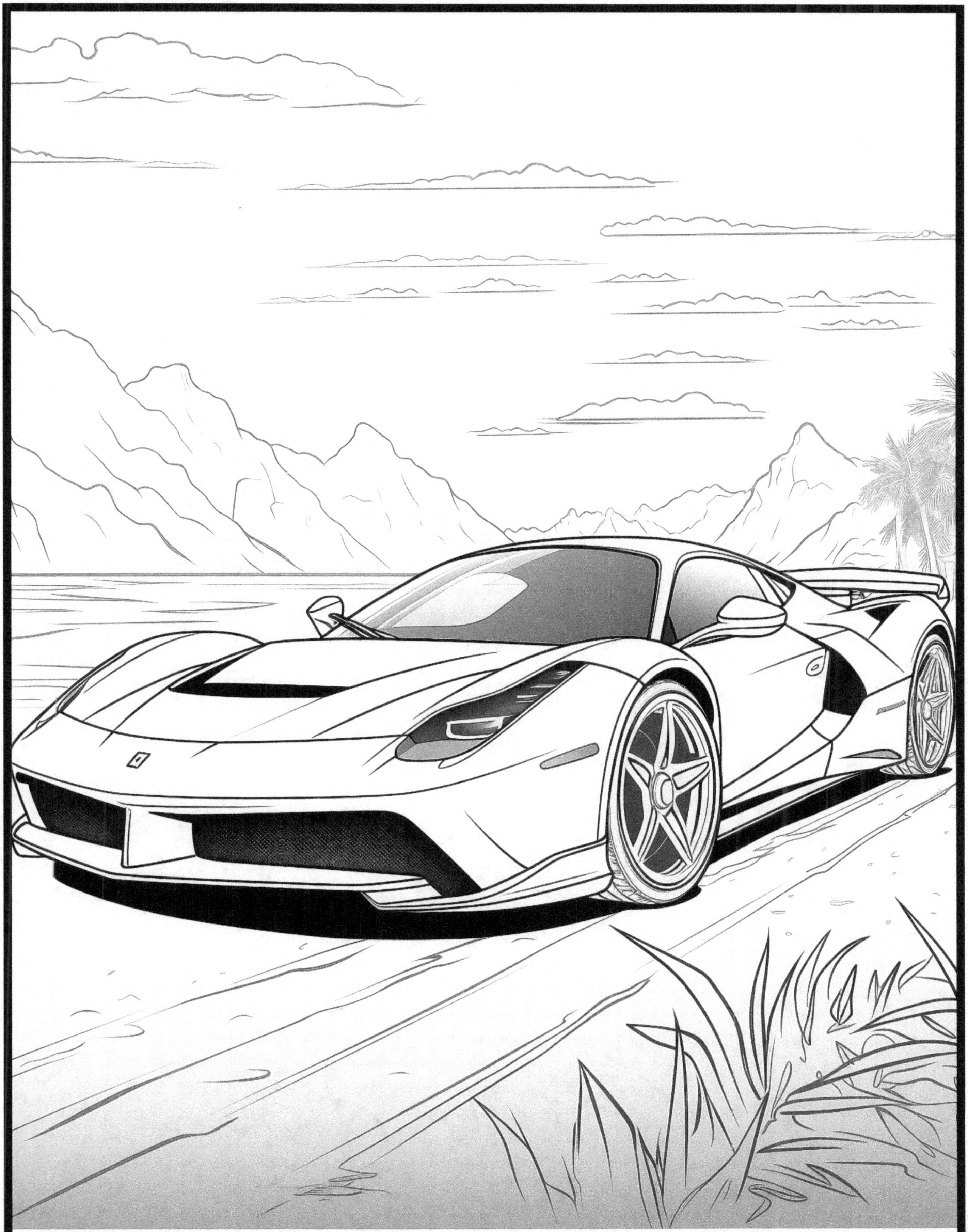

Sharyn Hc

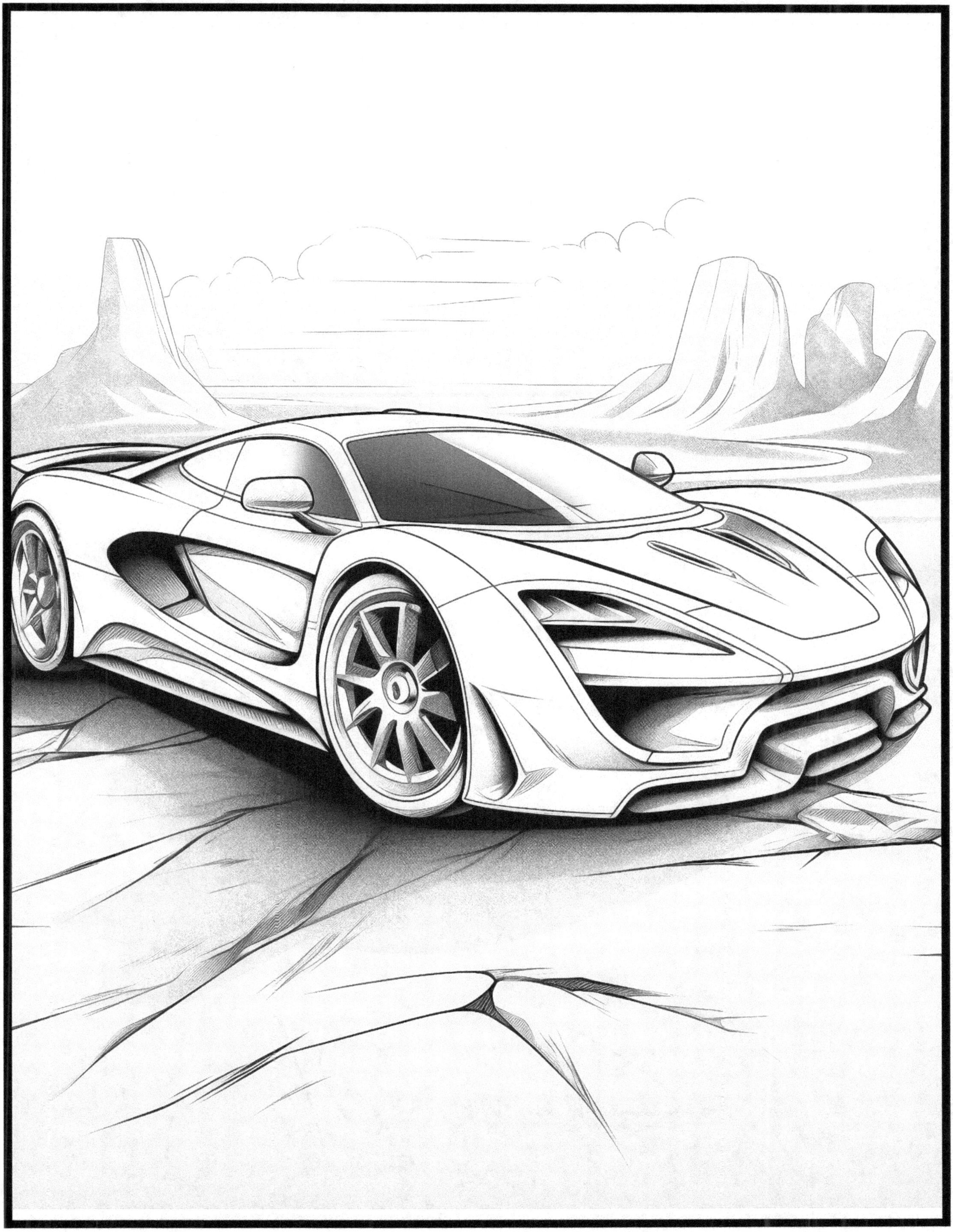

Sharyn Hc

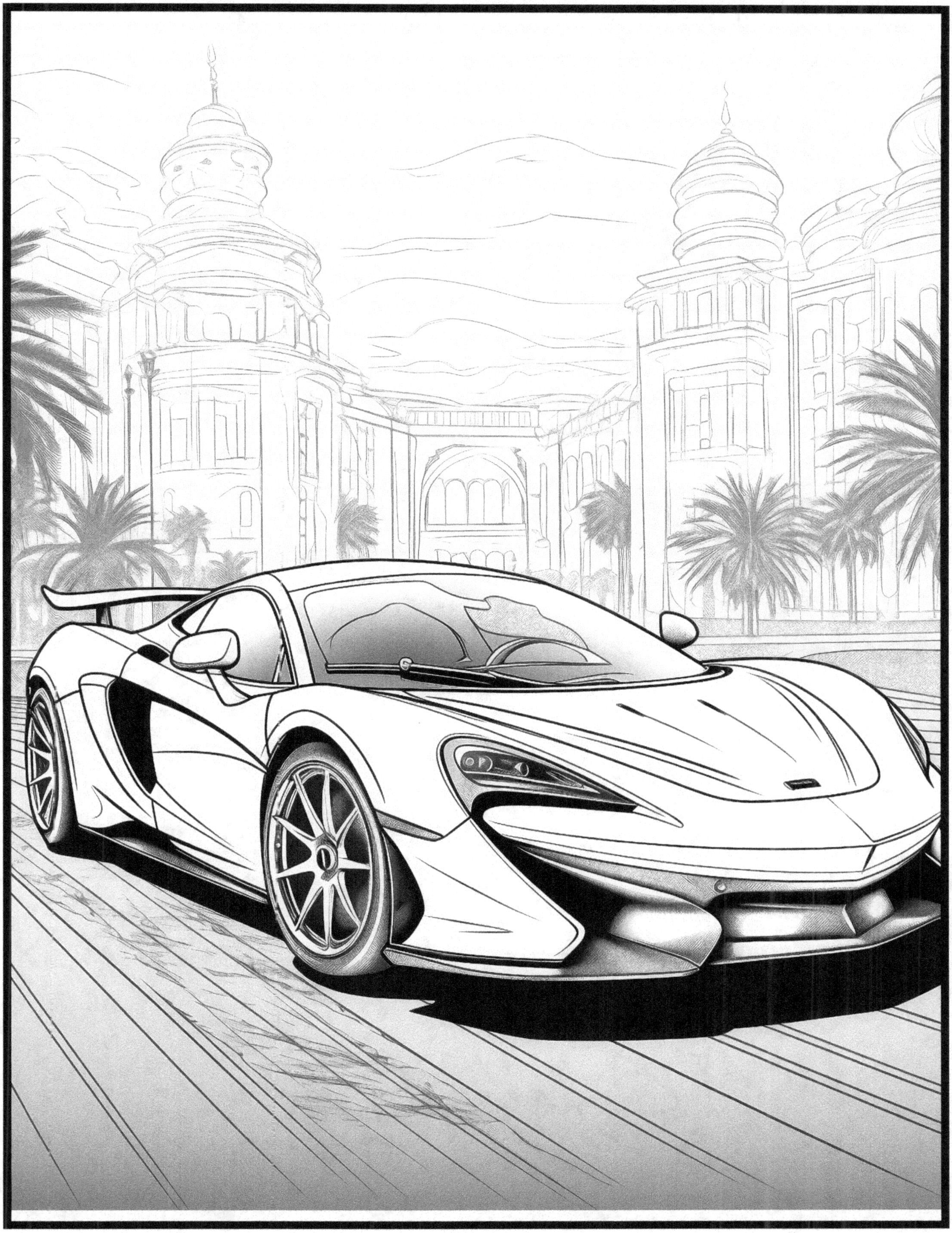

Sharyn Hc

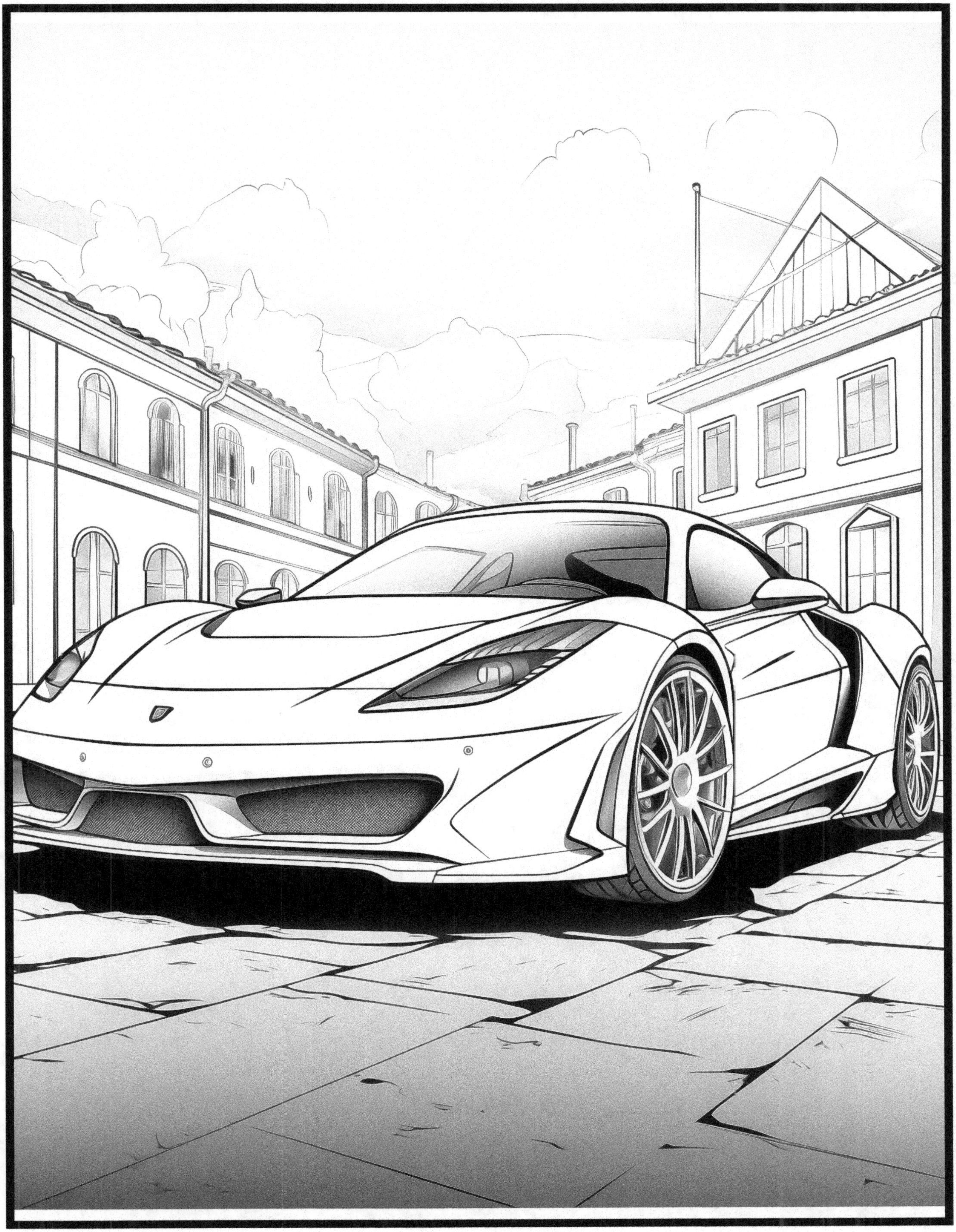

Sharyn Hc

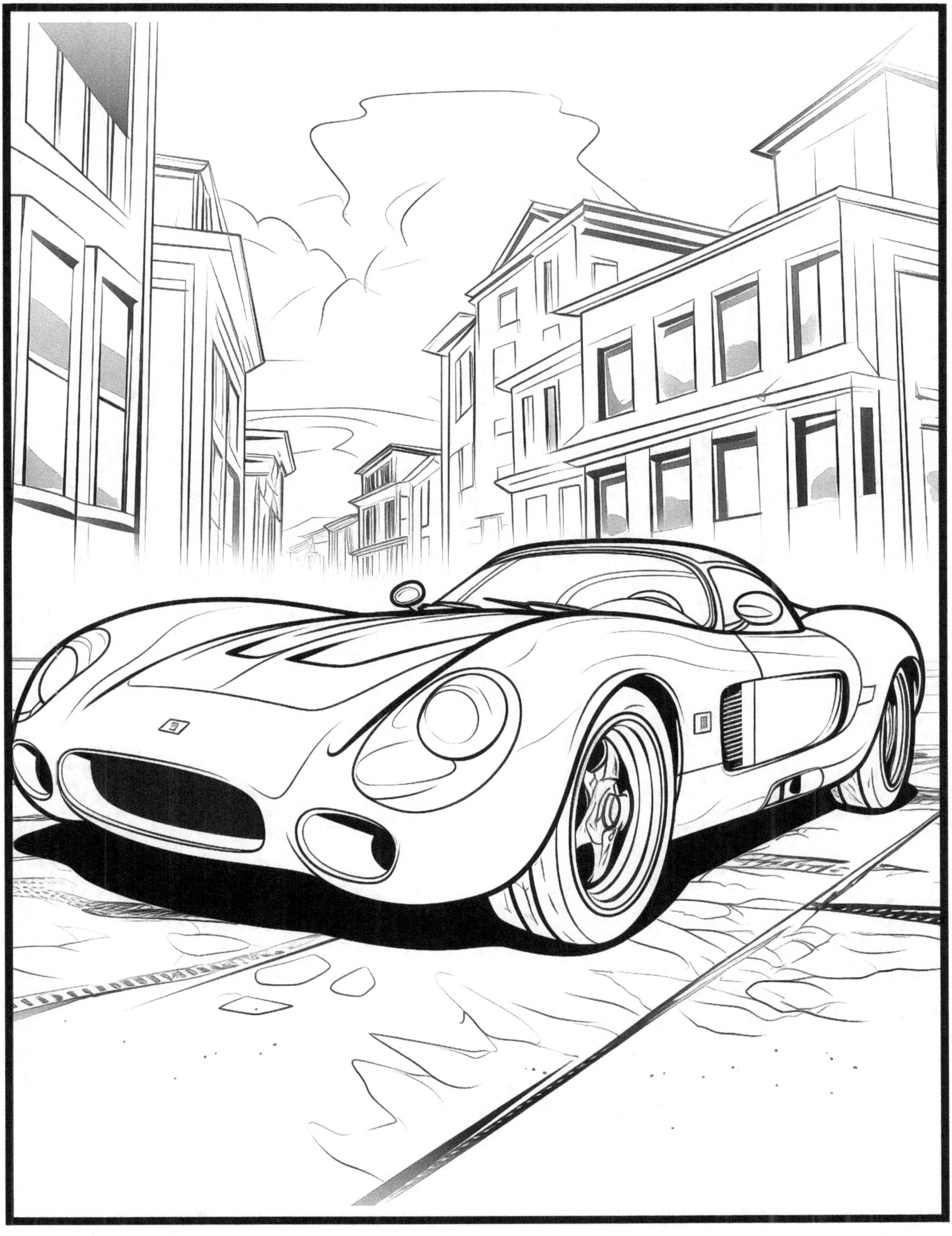

Sharyn Hc

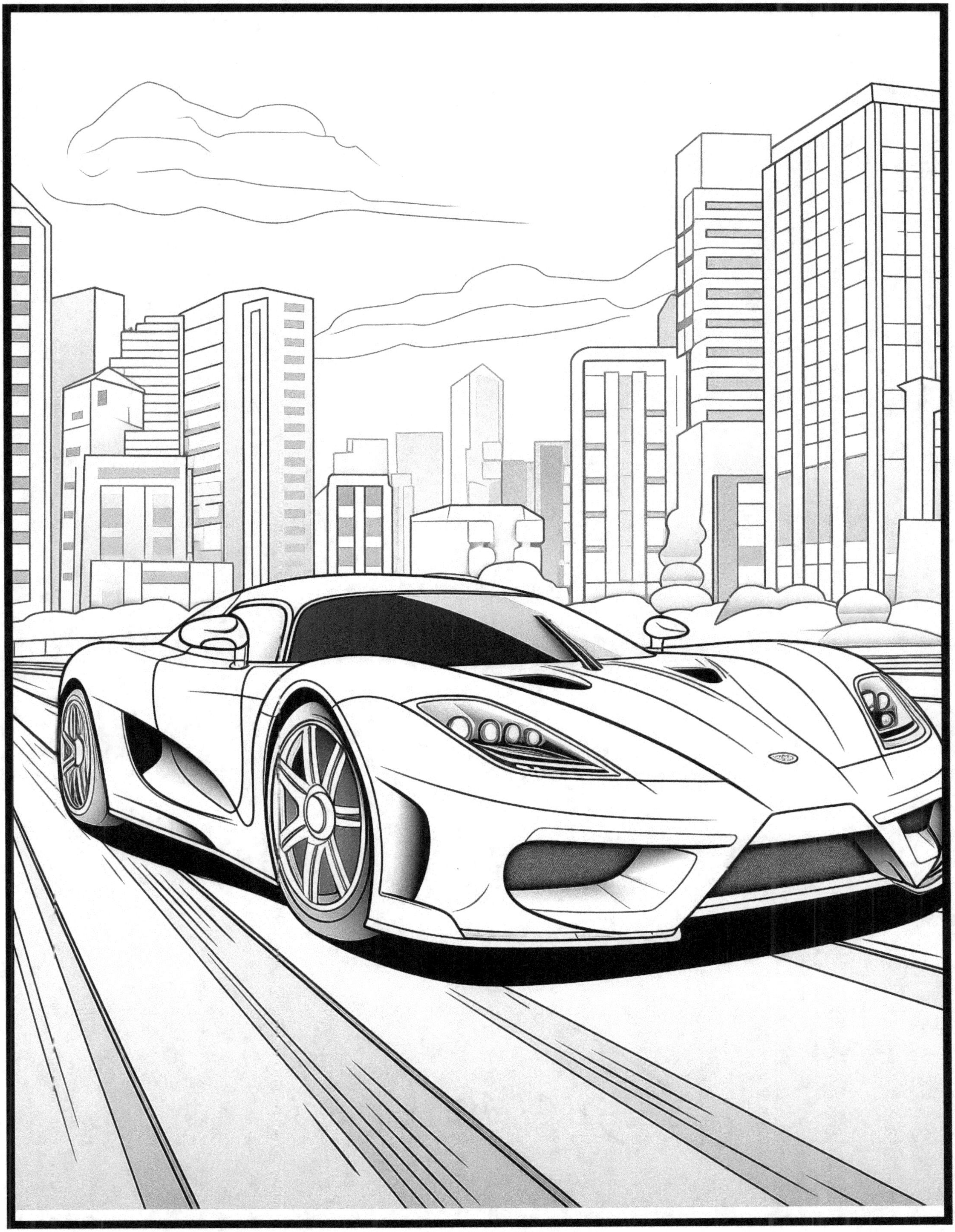

Sharyn Hc

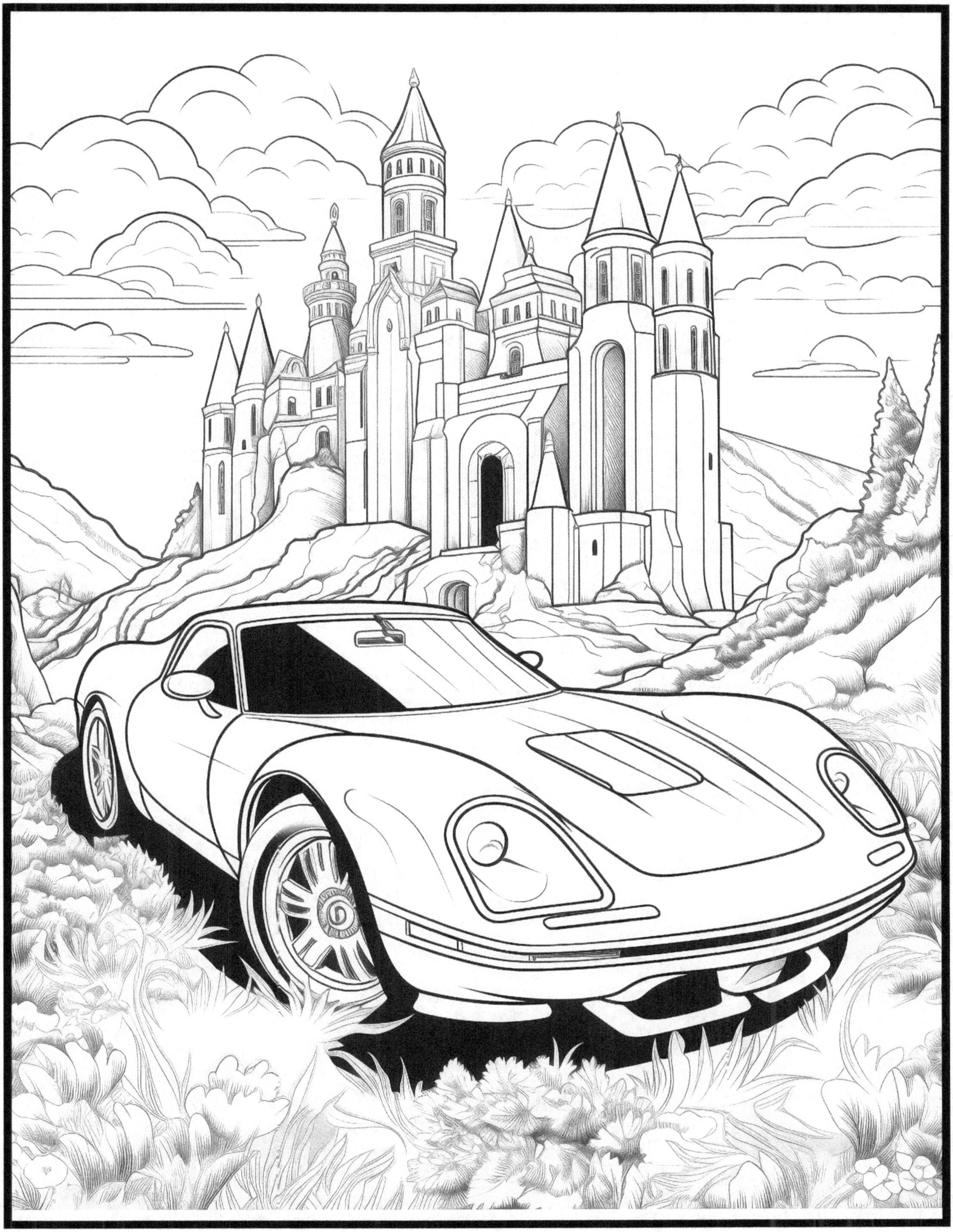

Sharyn Hc

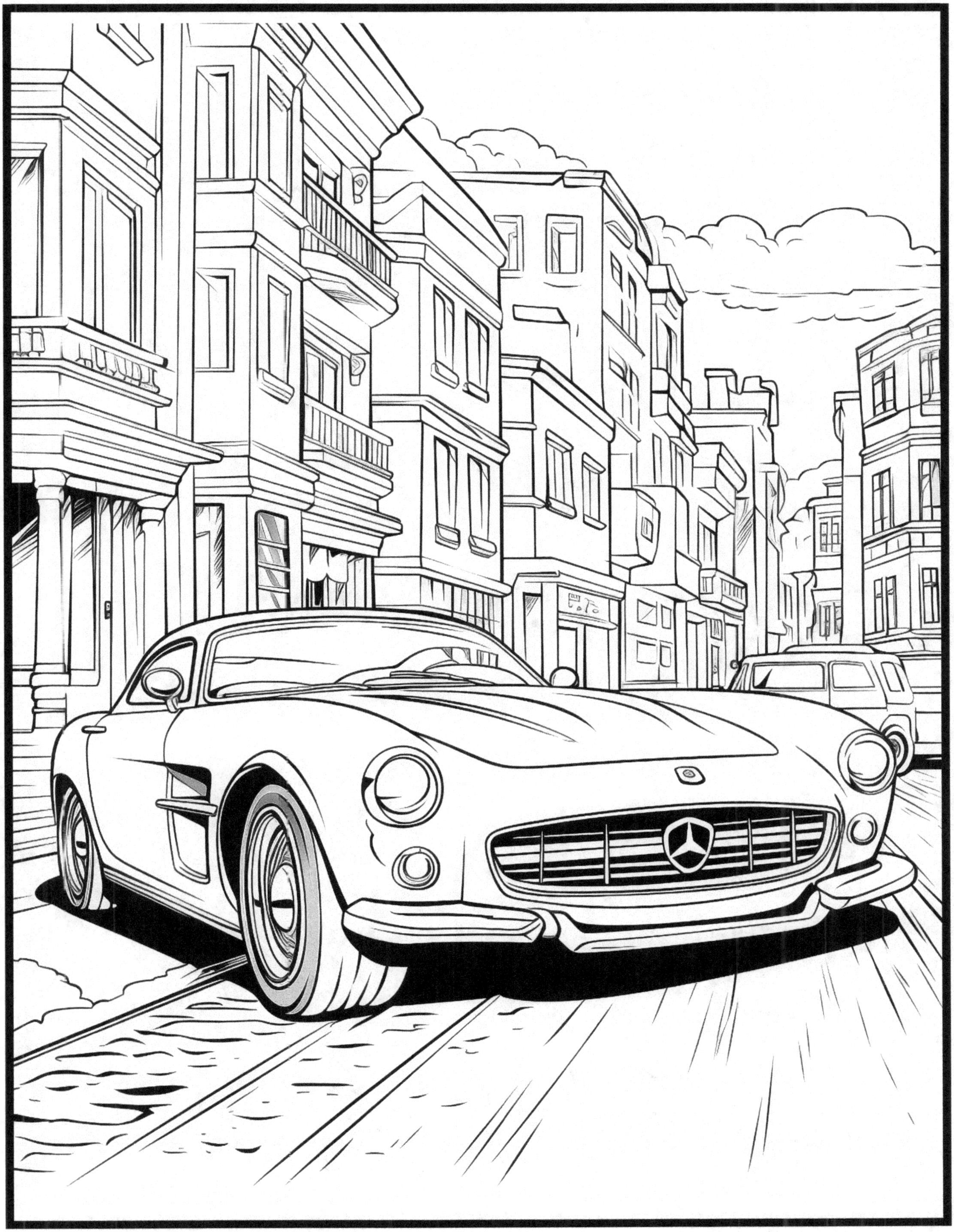

Sharyn Hc

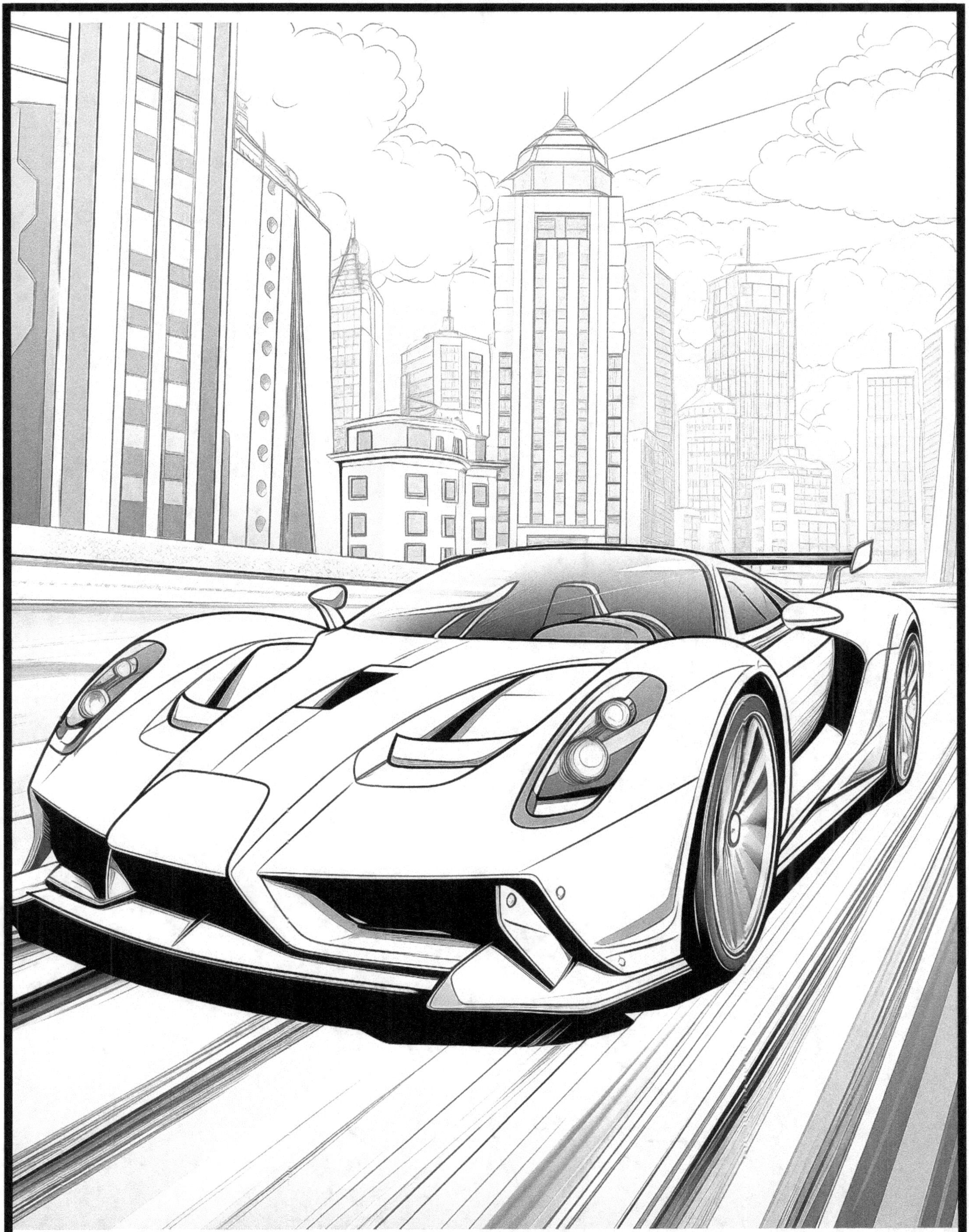

Sharyn Hc

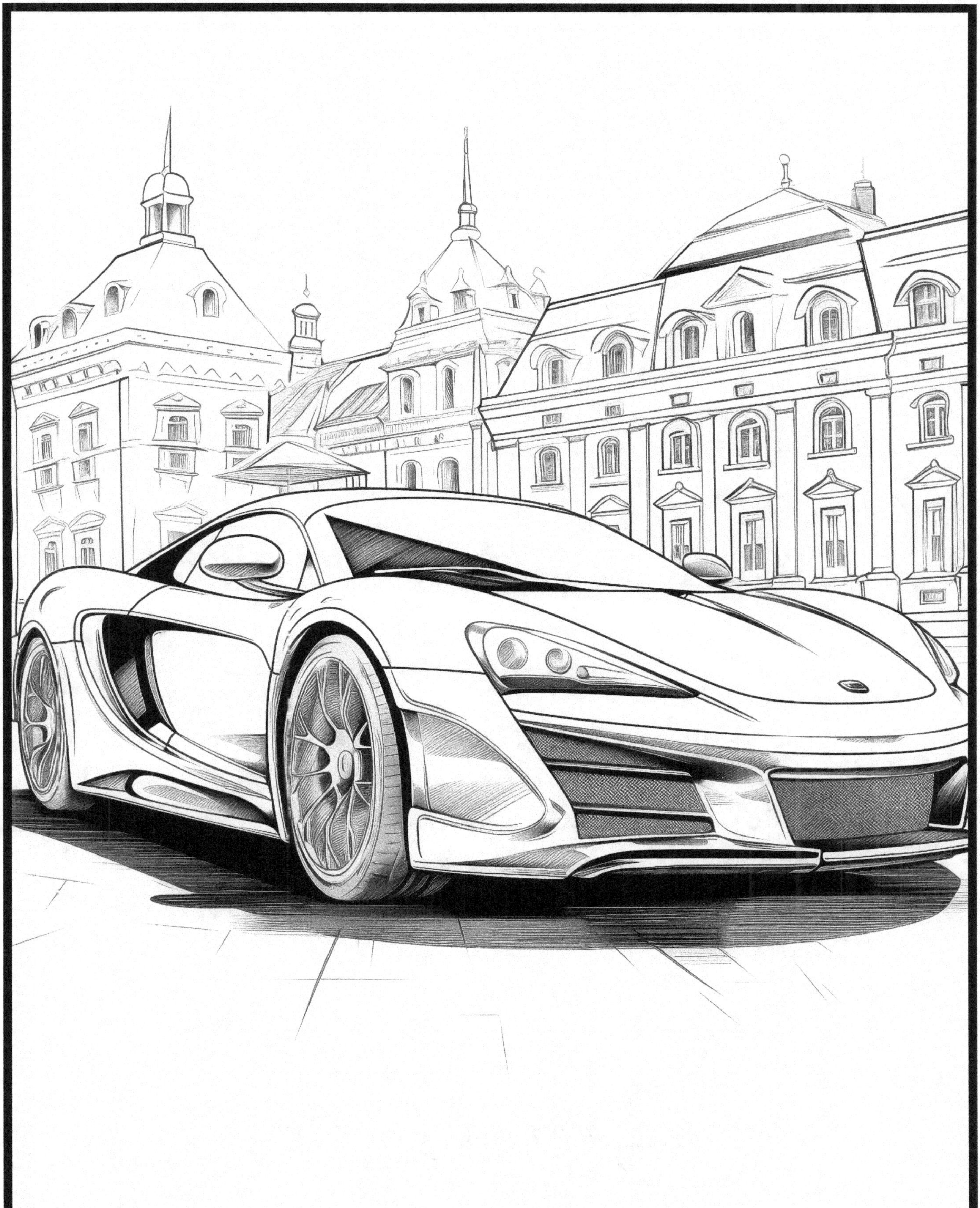

Sharyn Hc

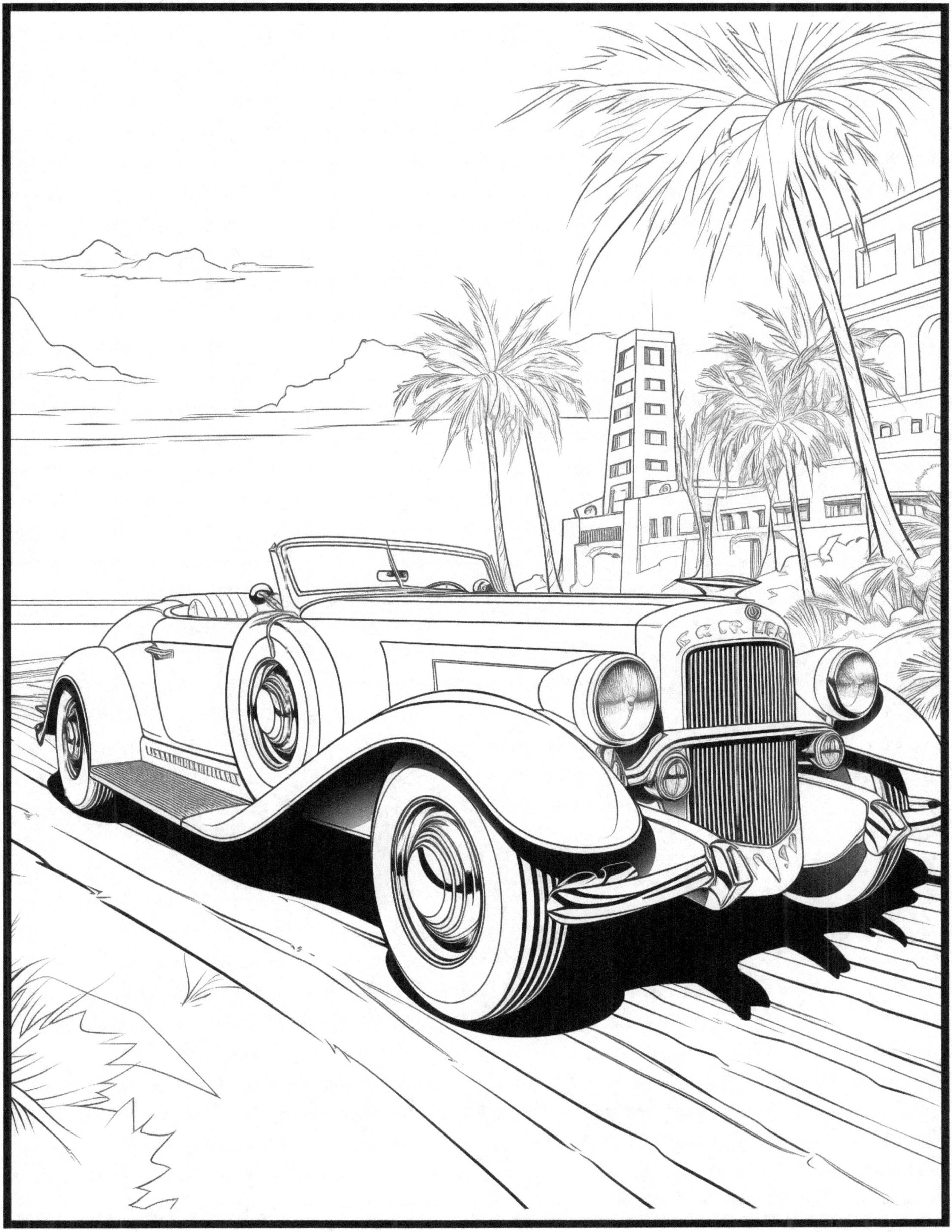

Sharyn Hc

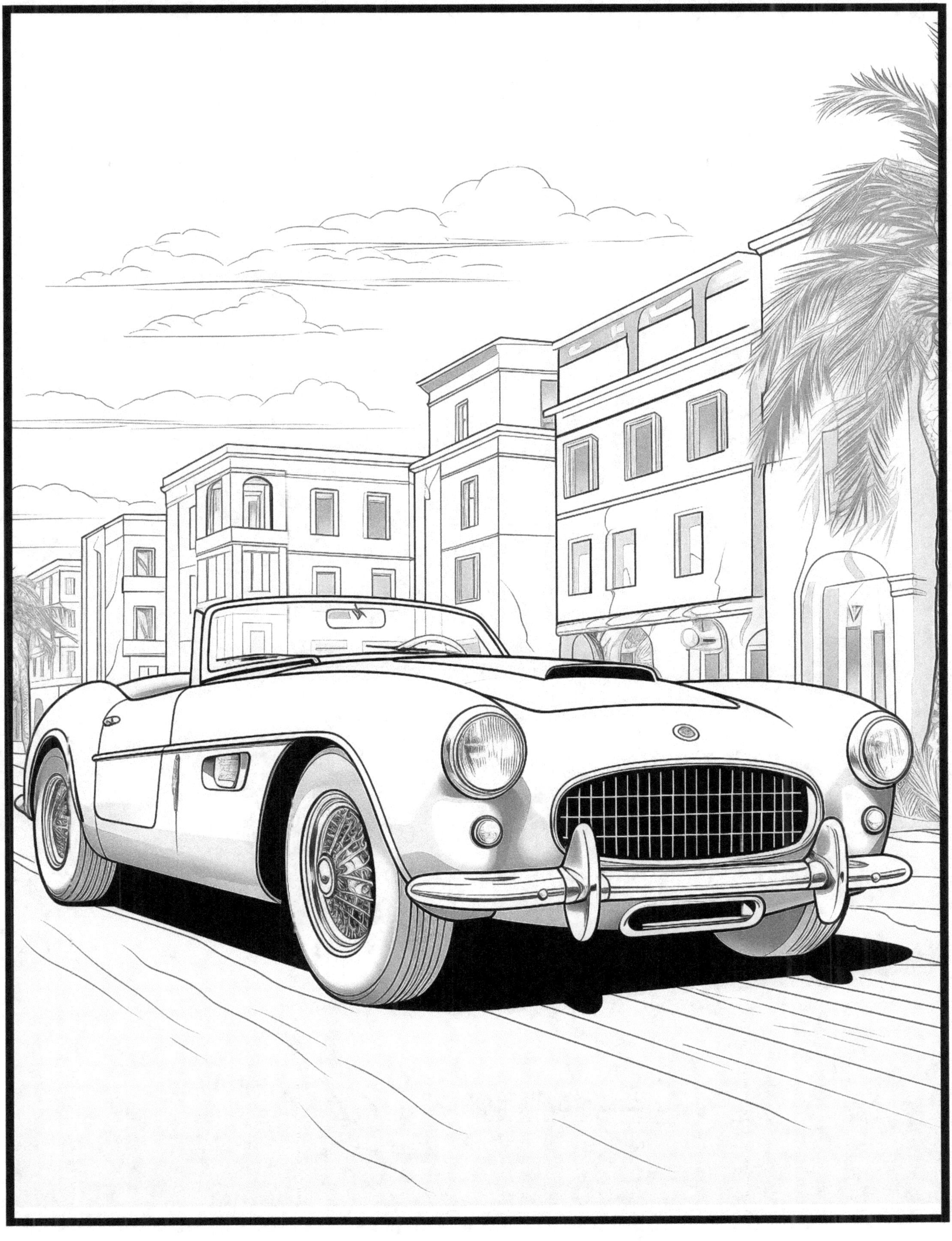

Sharyn Hc

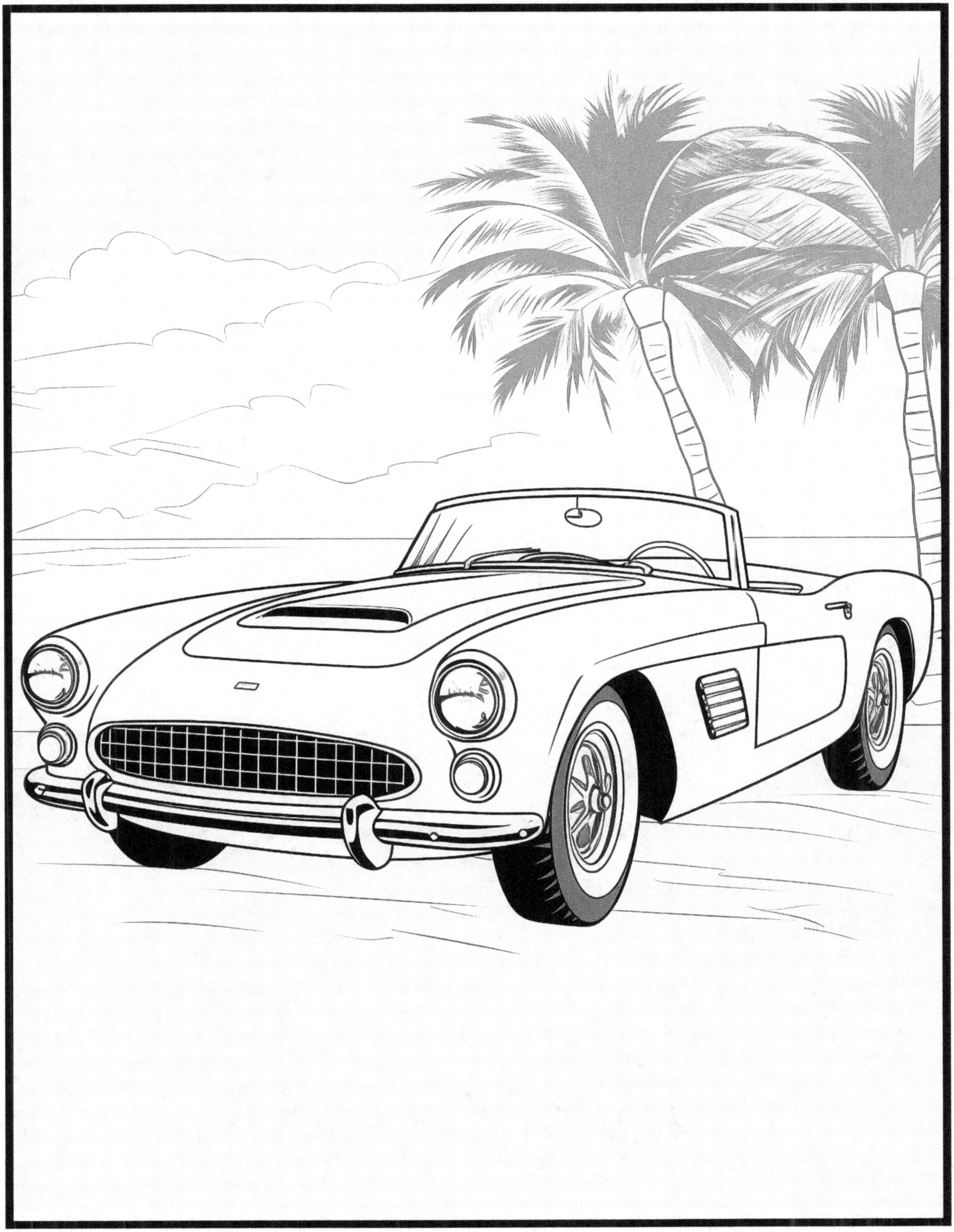

Sharyn Hc

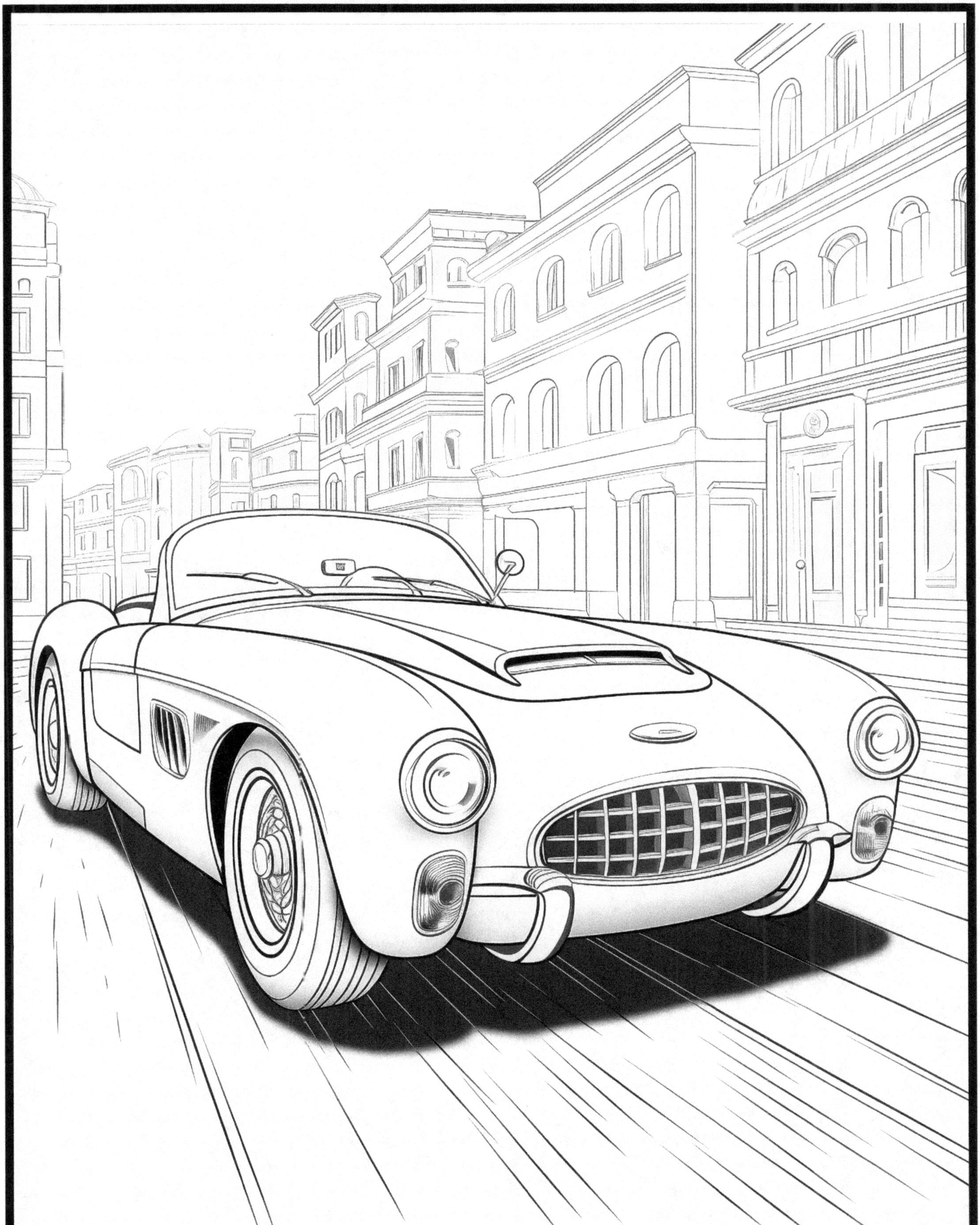

Sharyn Hc

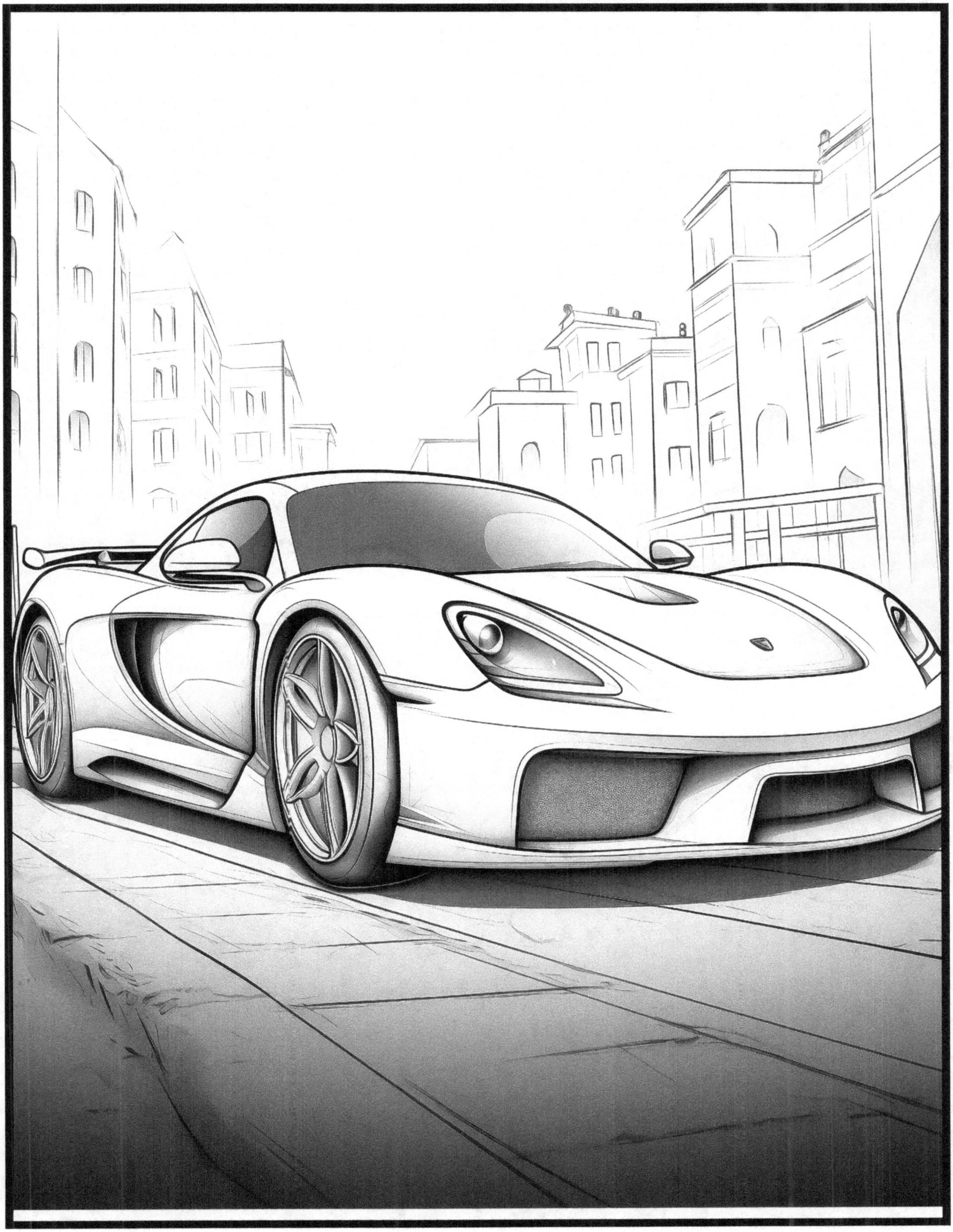

Sharyn Hc

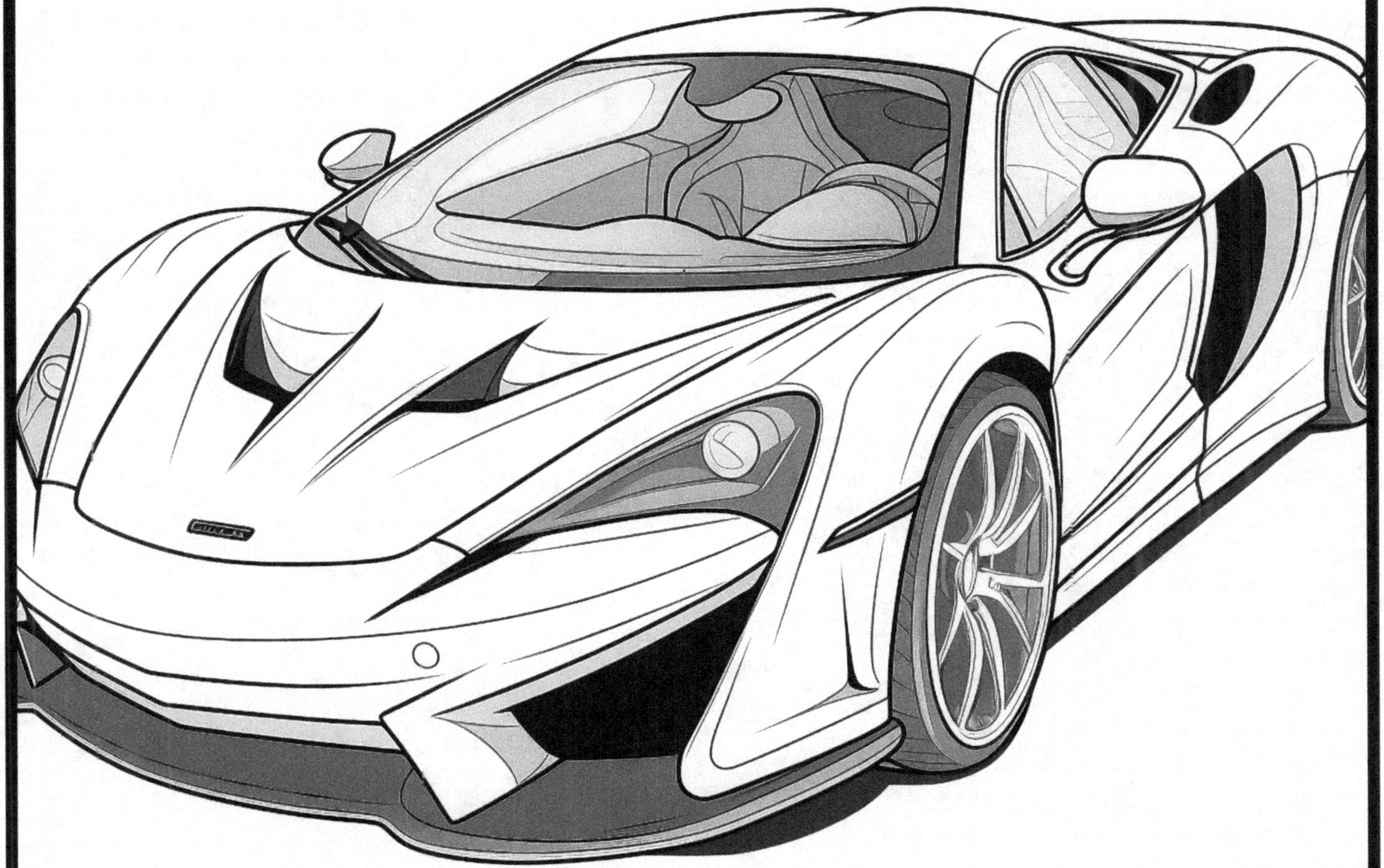

Sharyn Hc

www.ingramcontent.com/pod-product-compliance
Lightning Source LLC
Chambersburg PA
CBHW082139290526
45794CB00008B/3091
* 9 7 9 8 8 6 2 6 2 5 4 9 3 *